Ingeborg und Lotte Hanreich
Joghurt, Käse, Rahm & Co

Ingeborg und Lotte Hanreich

Joghurt, Käse, Rahm & Co

Gesundes aus Milch selbst gemacht!

Leopold Stocker Verlag
Graz – Stuttgart

Umschlaggestaltung:
DSR Werbeagentur Rypka GmbH, 8143 Dobl/Graz, www.rypka.at
Titelbild: Bilderwerk Wien

Bildnachweis:
Agrarmarkt Austria (AMA): S. 22, S. 38, S. 39; Günter Hauer (Bildhauer): S. 64; Mani Hausler: S. 110;
Andrea Jungwirth: S. 49, S. 52 r., S. 53, S. 65, S. 67, S. 68, S. 69, S. 79, S. 82, S. 83, S. 84, S. 90,
S. 91, S. 100, S. 106, S.114, S. 116, S. 117, S. 118, S. 119, S. 120, S. 137, S. 140, S. 141, S. 145,
S. 151, S. 153; Kochen & Küche: S. 72, S. 78, S. 96, S. 111, S. 144, S. 146; Herbert Lehmann: S. 51 l.;
Mona Lorenz: S. 73, S. 113, S. 122, S. 135, S. 155; Andrej Sheldunov: S. 152.
Die restlichen Bilder wurden freundlicherweise von den Autorinnen zur Verfügung gestellt.

Bibliografische Information der Deutschen Nationalbibliothek
Die Deutsche Nationalbibliothek verzeichnet diese Publikation in der
Deutschen Nationalbibliografie; detaillierte bibliografische Daten sind
im Internet unter http://dnb.d-nb.de abrufbar.

Hinweis: Dieses Buch wurde auf chlorfrei gebleichtem Papier gedruckt. Die zum Schutz vor Verschmutzung
verwendete Einschweißfolie ist aus Polyethylen chlor- und schwefelfrei hergestellt. Diese umweltfreundliche
Folie verhält sich grundwasserneutral, ist voll recyclingfähig und verbrennt in Müllverbrennungsanlagen
völlig ungiftig.

Auf Wunsch senden wir Ihnen gerne kostenlos unser Verlagsverzeichnis zu:
Leopold Stocker Verlag GmbH
Hofgasse 5/Postfach 438
A-8011 Graz
Tel.: +43 (0)316/82 16 36
Fax: +43 (0)316/83 56 12
E-Mail: stocker-verlag@stocker-verlag.com
www.stocker-verlag.com

ISBN 978-3-7020-1568-8

Layout und Repro: DSR Werbeagentur Rypka GmbH, 8143 Dobl/Graz
Druck und Bindung: Finidr s.r.o., Český Těšín

Inhalt

Lotte Hanreich

Vorwort

Dieses Buch ist als Einstieg in das umfassende Wissen über Milch und Milchprodukte, ihre Herstellung und Zubereitung gedacht. Sie finden hier wichtige aktuelle Erkenntnisse der Ernährungswissenschaft, gesundheitliche Aspekte, eine Sammlung althergebrachter, traditioneller Hausmittel und schließlich einfache, schnelle und praktische Küchenrezepte.

Milch zählt zu den wichtigsten tierischen Nahrungsmitteln. Doch erst die Kenntnis der eigentlichen Inhaltsstoffe und deren Zusammenspiel lässt ihr und den Milchprodukten die angemessene Wertschätzung angedeihen. Die Auswirkungen von Milch und Milchprodukten auf den menschlichen Organismus stellen ein weiteres großes Gebiet dar.

Aktuelle Untersuchungen regen zu Diskussionen an, führen zu neuen Verhaltensweisen und oft zu einem neuen Nahrungsmittelangebot seitens der Industrie. So brachten Studien über Cholesterin und Blutfettwerte viele „Light"-Produkte – eine Fülle von Aufstrichen und fettarmen Nahrungsmitteln – auf den Markt. Diese werden heutzutage wiederum oft wegen ihrer Inhaltsstoffe in Frage gestellt. Die Thematik um probiotische Bakterien und präbiotische Zusätze hat ebenfalls eine neue Angebotspalette an Joghurtprodukten – aber auch von Säuglingsmilchnahrungen auf Milchbasis – im Handel bewirkt.

Mittlerweile ist das Milch- und Milchprodukteangebot im Supermarkt fast unüberschaubar geworden. Es hat sich weit von dem entfernt, was unsere Großmütter zur Verfügung gehabt und ganz selbstverständlich in dem damaligen täglichen Speiseplan verwendet haben. Der Trend im Angebot geht heute immer weiter in Richtung der in Supermärkten ständig verfügbaren Fertignahrung. Er fängt bei der fertigen Baby- und Kindernahrung an, geht über Superdrinks, Riegel, Burger und Pizzen für Jugendliche bis zur Singlemahlzeit bzw. Seniorenkost im Kühlregal.

Für jeden Bedarf wird die vorgefertigte Lösung angeboten. Oftmals werden Kochen und liebevolles Zubereiten als zu zeitaufwändig angesehen und man greift zu industrieller Fertignahrung. Das Ersetzen der individuellen Arbeit in der Küche durch die Großkonzerne führt allerdings meist zu einer gewissen Geschmacksvereinheitlichung. Schon vom Babyalter an wird der Geschmack durch Aromen, wie Vanillin, in den Industrieprodukten geprägt. Kein Wunder, dass Jugendliche oft die Vielfalt natürlicher Nahrung nicht mehr zu schätzen wissen – oder sogar gar nicht mehr kennen.

Das Wissen um alte Methoden soll den nächsten Generationen erhalten bleiben.

Wer aber weiß gerade in unserer heutigen Zeit, wohin die Entwicklungen auf dem Nahrungsmittelsektor führen werden? Die technischen Verfeinerungen und Arbeitserleichterungen gehen oft bis hin zur völligen Arbeitsabnahme. Das Wissen um die althergebrachten Methoden droht verloren zu gehen. Es sollte aber zum Wohle und zur Unabhängigkeit aller kommenden Generationen erhalten bleiben.

In den letzten Jahren entwickelte sich daher parallel zum Trend der Fertigkost auch eine starke Gegenströmung. Das Zubereiten von Speisen wurde und wird zunehmend wieder mehr geschätzt. Selbst kochen wird als Besonderheit bzw. als kreative Tätigkeit angesehen und heutzutage wieder vermehrt praktiziert. Eine Fülle von Kochbüchern mit erprobten Zubereitungsarten und Rezepten aus Omas Zeiten ist derzeit auf dem Markt. Teilweise sind die Rezepte nach neuesten ernährungswissenschaftlichen Erkenntnissen abgewandelt. Sie regen zum Ausprobieren, zum Nachmachen und Adaptieren an die eigenen Bedürfnisse an.

In Zeiten, in denen viele Kinder an Allergien erkrankt sind, ist es zudem wieder wichtig geworden, in der Familie zu wissen, welche Zutaten und Inhaltsstoffe in der Nahrung enthalten sind. Denken Sie an die vielen Geschmacksverstärker (z. B. Glutamat), an die Konservierungsmittel, Zucker, Farbstoffe oder Aromen in Fertigprodukten! Weil wir beim Selberkochen die genauen Zutaten und gute Quellen kennen, erhält es seinen hohen Stellenwert zurück.

Heutzutage kennen viele den ursprünglichen, unverfälschten Geschmack von Lebensmitteln nicht mehr. Schon von klein auf gilt es daher, den Geschmack der Grundnahrungsmittel und der gut gekochten Speisen kennenzulernen – also die alltägliche Nahrung schätzen zu lernen. Jeder von uns sollte zumindest über die natürlichen Lebensmittelgruppen (wie die Gruppe der Milch und Milchprodukte) Bescheid wissen – wie sie entstehen, was man in der Küche (und im Haushalt) daraus machen kann und welche Rolle sie in der Ernährung des Menschen einnehmen.

Skandale bestätigen immer wieder: Qualität ist langfristig wichtiger als ein günstiger Preis. Dennoch greifen viele Konsumenten lieber zu billigen Käseimitaten (siehe Kapitel „Käse im Handel") oder nehmen diese im Restaurant beispielsweise als Pizzabelag unbemerkt in Kauf. So werden qualitätsvolle Produkte, die aus hochwertiger Milch bestehen, oftmals – ohne dass der Kunde es weiß – von Fertigprodukten minderer Qualität abgelöst.

Milchprodukte selber zu machen oder beim bäuerlichen Milchverarbeiter zu kaufen, ist geschmacklich bei Weitem besser, qualitativ hochwertiger und oft sogar billiger. Ein natürliches Produkt aus dem Grundnahrungsmittel Milch ist ein echtes „Lebensmittel", ein wahres Lebenselixier. Ganz nebenbei unterstützt das Selberzubereiten aus „Bauern"-Milch auch die heimischen, bäuerlichen Milchbetriebe.

Immer wieder wird Milch und Milchprodukten unterstellt, sie wären nichts für Erwachsene, wären keine so eine wunderbare Kalziumquelle, wie allgemein angenommen, oder würden „verschleimen". Oftmals werden hier Ernährungsweisen und Gegebenheiten aus anderen Klimaverhältnissen (Asien, Afrika) auf europäische Situationen übertragen ohne Rücksicht auf die sich unterscheidenden Klima- und Ernährungsbedingungen – siehe auch unser „Nachwort".

Eventuell liegt es nur an der „Mundigkeit" von fettreicher Milch, die dieses Gefühl des „Verschleimens" geschmacklich hervorruft. Denn bisher durchgeführte Untersuchungen konnten dies nicht bestätigen. Selbst bei Asthmatikern zeigt eine Untersuchung mit einer Placebogruppe keinen Unterschied bei den Symptomen wie rinnender Nase oder Husten. Möglicherweise schützt das Milchfett sogar vor der Entwicklung asthmatischer Symptome, was für eine Verwendung von Butter als Streichfett spricht.

In der Entwicklung der Medizin und der Arzneimittelindustrie zeigt sich ein ebenso bedenklicher Trend wie beim Nahrungsmittelangebot im Supermarktregal. Für alle kleinen und kleinsten Wehwehchen gibt es schon fertige Pülverchen und Tinkturen. Es werden dabei nicht nur die alten Hausmittel weitgehend verdrängt, auch der Apotheker mischt nur mehr wenige Rezepte nach den Angaben eines Arztes selbst zusammen. So wird der Kunde auch bei kleinen Beschwerden mit Medikamenten bedient, die für Laien unübersichtlich geworden, aber schnell zur Hand sind. Oft werden diese auch ohne fachliche Beratung und Kontrolle über das Internet gekauft.

Als Gegenströmung entwickelten sich die „alternativen Heilmethoden" und im Bereich der selbstverantwortlichen Lebensbewältigung wird wieder vermehrt auf alte Hausmittel zurückgegriffen. Mit den – zunehmend in den allgemeinen Heilungsprozess einbezogenen – alternativen Heilweisen, wie der traditionell europäischen Kräuterkunde oder den homöopathischen Mitteln, erfährt die Heilkunde eine ungeahnte Erweiterung.

Tatsächlich kann es manchmal bei leichten Beschwerden für Sie von Vorteil sein, über die Bedeutung alternativer Heilmittel, die noch unsere

Michprodukte selber zu machen ist geschmacklich besser.

Großmütter mit Erfolg angewendet haben, Bescheid zu wissen. Zu alten Hausmitteln gibt es viele Hinweise in diesem Buch, sodass Sie das eine oder andere ausprobieren und dann in den eigenen Erfahrungsschatz einreihen können.

Sicherlich muss man dafür auch selbst die Verantwortung übernehmen, das heißt, man muss selbst einschätzen, ob es sich um ein kleineres Wehwehchen handelt oder ob unbedingt ein Arzt aufgesucht werden soll. Im Regelfall haben die natürlichen Heilmittel keine Nebenwirkungen. Meist gilt der Spruch: „Hilft's nix, so schad's nix." Es ist aber zu vermerken, dass Personen mit Neurodermitis oder Milchallergie keine Anwendungen der alten Milch-Hausmittel an sich ausprobieren sollten! In diesem Fall – wie bei allen schweren oder langanhaltenden Krankheiten – ist eine Absprache mit dem Arzt, einer Ernährungswissenschafterin oder einer Diätologin jedenfalls angebracht.

Wir haben viele traditionelle Hausmittel gesammelt. Natürlich haben wir nicht selbst alle in diesem Buch angeführten Hausmittel ausprobieren müssen, aber viele sind uns doch aus der praktischen Anwendung bekannt. Mancher von Ihnen kann sich sicherlich noch aus seiner Kindheit an die heiße Honigmilch, die Topfenwickel (Quarkwickel) und die heilsame Ziegenmilch erinnern. Viele empfinden auch die naturbelassene Schafmilch und vor allem das Schafmilchjoghurt als aufbauend und heilsam für den Körper.

Doch jeder Mensch hat einen eigenen Organismus, der etwas anders reagiert. Er ist sozusagen ein eigener „Kosmos". In letzter Konsequenz ist man bei jeglicher Heilanwendung, auch solchen der Pharmaindustrie, immer selbst derjenige, der heilt oder den Schaden davonträgt. Deshalb sind Selbstbeobachtung und Aufmerksamkeit stets wichtig: in Bezug auf Ihren eigenen Körper, Ihr geistiges und emotionales Wohlbefinden, Ihren psychischen Zustand und Ihre Reaktionen gegenüber allem, was von außen auf und in Ihren Körper einströmt – also auch gegenüber der Qualität und Quantität von Speisen.

Liebevolle Zubereitung und Variation bestimmen die Qualität.

Die Qualität wird natürlich auch von Ihrer liebevollen Art der Zubereitung und Ihrer eigenen Variationsmöglichkeit bestimmt. In der Zeit des großen Angebots an Fertignahrung im Supermarkt und der „Fast-Food-Ketten" ergibt gerade Ihre eigene Kreation, und sei sie noch so einfach und schnell zubereitet, die persönliche Note und hebt das Servierte über das Gewöhnliche hinaus.

Dem allgemeinen Trend zum schnellen Kochen entsprechend haben wir die Küchenrezepte nach ihrer einfachen Zubereitung ausgewählt. Wegen der vielen kleineren Haushalte wurden einige Rezepte für zwei Personen angegeben. Für größere Haushalte können die Mengen leicht mit zwei multipliziert werden, für Singles wird die Hälfte genommen. Unsere Auswahl an Speisen und Getränken möge Ihnen als Anregung für Ihre Kochkreativität dienen.

An dieser Stelle möchten wir speziell Frau Dipl. oec. troph. Britta Macho danken, die für ihre Familie viele Speisen nach diesen Rezepten zubereitet und fotografiert hat. Weiters danken wir Lilly und Bernd Hagg, die uns ein ungestörtes Arbeiten am Buchtext ermöglichten, sowie Georg für sein Verständnis für unsere Arbeit und Beate für ihre Unterstützung beim Lektorieren.

Wir wünschen Ihnen mit diesem Buch spannende Erkenntnisse, viel Freude sowie all jenen, die noch nie versucht haben, Käse, Topfen oder Joghurt selbst herzustellen oder ihre Aufstriche selbst zu mischen, viel Mut zum Ausprobieren und viel Erfolg!

Lotte und Ingeborg Hanreich
Herbst 2015

Milch

Allgemeines

Schon seit einigen Tausend Jahren hält sich der Mensch in Europa Kuh, Ziege und Schaf, mancherorts auch Büffel, Pferd oder Rentier – in anderen Ländern der Welt auch Esel, Kamel bzw. Yak –, um tierische Milch für seine Nahrung zu gewinnen.

Die tierische Milch wird in den Milchdrüsen von Säugetieren gebildet. Sie dient primär dazu, das Jungtier mit Nahrung zu versorgen – ähnlich wie die Muttermilch dem menschlichen Baby etwa ein halbes Jahr als alleinige Nahrungsquelle dient und sein Immunsystem stärkt. Daher hat es die Natur so eingerichtet, dass alle wichtigen Aufbaustoffe in einer gut abgestimmten Zusammensetzung in der Milch enthalten sind.

Durch (zeitweise) Trennung des schon etwas größeren, aber noch säugenden Jungen von der Tiermutter gewinnt der Mensch über jeweils eine Melk-Periode – bei Schafen beispielsweise etwa ein weiteres halbes Jahr – Milch für seine eigenen Zwecke.

Jede Milch ist einzigartig im Zusammenspiel ihrer Inhaltsstoffe. Wenn wir im Folgenden nur von „Milch" sprechen, dann meinen wir ganz allgemein Kuhmilch. Wenn es sich um spezielle Milchsorten handelt, wird das extra angeführt. Auch im Handel darf nur Kuhmilch als „Milch" bezeichnet werden, denn diese ist in Europa am gebräuchlichsten.

Da die tierische Milch etwas anders als Muttermilch zusammengesetzt ist, darf Babys im ersten Lebensjahr nicht einfach eine tierische Milch als Muttermilchersatz zum Trinken angeboten werden. Der Verdauungsapparat des Babys wäre damit überlastet. Daher ist für Kinder im ersten Lebensjahr Milch aus der Flasche nur in Form von – an Muttermilch angepasster – Säuglingsmilchnahrung geeignet. In Mengen von maximal 100 ml (später 200 ml) darf Vollmilch in der Beikost zur Zubereitung des

Getreide-Milch-Breies verwendet werden – auch wenn dies bei gestillten Kindern nicht notwendig ist (Näheres siehe „Essen und Trinken im Säuglingsalter", www.hanreich-verlag.at). Ab dem Kleinkindalter jedoch spielen Milch und Milchprodukte bereits eine wesentliche Rolle.

Im Alter von einem Jahr brauchen Kinder pro Tag ca. 300 ml, mit zwei bis drei Jahren 330 ml und mit vier bis sechs Jahren 350 ml Milch oder daraus erzeugte Produkte. Die meisten Kinder mögen Vollmilch als Getränk. Andere schätzen Joghurt, Buttermilch oder Sauermilch bzw. die diversen Käsesorten. Käse ist hochkonzentrierte Milch und sollte daher in Maßen genossen werden. Mit 13 bis 14 Jahren und im Erwachsenenalter benötigt der menschliche Körper für eine ausgewogene Ernährung täglich ca. 450 ml Milch – oder Produkte daraus.

In Europa wird vor allem Kuhmilch als wesentliches Grundnahrungsmittel geschätzt. Milch(produkte) sollten regelmäßig – am besten täglich – jedoch nicht in übergroßen Mengen genossen werden. Wegen ihrer vielen energie- und kaloriengebenden Nährstoffe sowie ihrer essentiellen Inhaltsstoffe zählt man Milch nicht nur zu den durstlöschenden „Getränken", sondern zu einer eigenen Lebensmittelgruppe. Schon Hildegard von Bingen riet, man möge Milch in kleinen Schlucken – gut eingespeichelt – trinken, ja fast schon „essen". Sie gab Hinweise zum Genuss von Milch, die nicht zu kalt sein und nicht überstürzt eingenommen werden solle.

Milch kann bei einzelnen Menschen Allergien bzw. Intoleranzen auslösen, die mit Symptomen wie Atemwegsproblemen, Hautreaktionen, Darmbeschwerden oder Erbrechen einhergehen. Ursache sind entweder bestimmte Milcheiweiße oder der Milchzucker (Laktose). In diesen Fällen sollte gemeinsam mit dem Arzt, einer Ernährungswissenschafterin oder Diätologin ein Ersatz – Ziegen-/Schafmilch oder Sojadrink – gefunden werden, damit die wichtigen Inhaltsstoffe, wie Eiweiß, Kalzium und Vitamine, in ausreichender Menge in der Nahrung gewährleistet sind.

Schon im Kindesalter spielen Milch und Milchprodukte eine wesentliche Rolle.

Milcheiweiß kann vereinzelt Allergien oder Intoleranz auslösen!

Artgerechte Tierhaltung liefert qualitativ hochwertige Milch.

Inhaltsstoffe der Milch im Vergleich

Der Hauptanteil der Milch besteht aus Wasser (87 %). Die übrige Trockenmasse (13 %) teilt sich in Fette – inklusive Fettbegleitstoffe und fettlösliche Vitamine – und in die fettfreie Trockenmasse auf. Letztere besteht hauptsächlich aus Milchzucker, Eiweiß und Mikronährstoffen – also den Mineralstoffen, Spurenelementen und wasserlöslichen Vitaminen.

Inhaltsstoffe der Milch

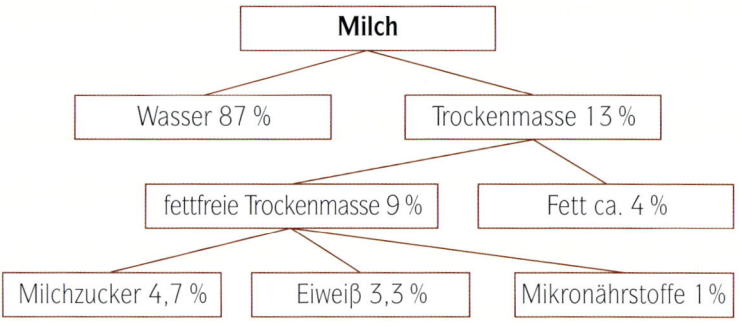

Nährstoffe

Die Inhaltsstoffe von Milch von einzelnen Tierarten variieren beträchtlich.

In der folgenden Aufstellung werden die durchschnittlichen Inhaltsstoffe von Kuh-, Schaf-, Ziegen- und Stutenmilch im Überblick dargestellt. Eselsmilch ist in etwa wie Stutenmilch zusammengesetzt.

Nährstoffe (in g/100 g)	Kuhmilch (3,5 %)	Schafmilch	Ziegenmilch	Stutenmilch
Fett	3,5	6,0	3,9	1,5
Eiweiß	3,4	5,3	3,7	2,2
Kohlenhydrate	4,7	4,7	4,2	6,2

Quelle: Bundeslebensmittelschlüssel (BLS) 3.02

Eiweiß (Protein)

Ohne Eiweiß gibt es kein Leben! Für den Menschen sind acht wichtige Eiweißbausteine (die sogenannten Aminosäuren) essentiell – also lebenswichtig, weil der menschliche Organismus sie nicht selbst aufbauen kann. Da viel Gewebe des Menschen – vor allem die Muskelmasse, die Enzyme, Hormone und das Blutplasma – hauptsächlich aus Eiweiß bestehen, müssen alle essentiellen Aminosäuren in ausreichender Menge mit der Nahrung aufgenommen werden.

Milcheiweiß besteht aus diesen wichtigen Eiweißbausteinen, die dem Menschen zum Aufbau bzw. zur Regeneration des Körpers dienen.

In der Nahrung ist die Kombination von Eiweiß aus pflanzlichen und aus tierischen Lebensmitteln besonders geeignet, unseren Körper mit allen wichtigen Bausteinen in optimalem Verhältnis zu versorgen. Vollkornprodukte oder Kartoffeln lassen sich innerhalb einer Mahlzeit sehr gut durch Milch ergänzen, weil Milch reich an Lysin (einer essentiellen Aminosäure) ist, die in pflanzlichen Lebensmitteln oft in zu geringen Mengen vorhanden ist. Deshalb ist Milch – nicht nur für Vegetarier – eine wunderbare Nahrungsquelle. Folgende Kombinationen sind von hoher „biologischer Wertigkeit" und liefern beispielsweise sehr hochwertige Eiweißquellen:

> Milch ist reich am Eiweißbaustein Lysin und ergänzt Getreide und Kartoffeln optimal.

- Vollkornbrot mit Käse
- Joghurt mit Haferflocken (Müsli)
- Kartoffelpüree
- Raclette mit Brot oder Kartoffeln
- Palatschinken

Milch hat bei Weideland-Bewirtschaftung auch einen ökologischen Vorteil. Die Tiere sind „lebende Rasenmäher" und produzieren aus den Pflanzen, die sie fressen, relativ viel tierische Nahrung für den Menschen in Form von Milch oder Fleisch. Aus der gleichen Menge Pflanzen wird jedoch viermal so viel Milch wie Fleisch gebildet. Es ist also auch aus ökologischer Sicht sinnvoll, mehr Milch als Fleisch in seiner Nahrung zu verwenden.

Ein Verhältnis von mindestens vier Teilen Milch zu einem Teil Fleisch in der Ernährung wirkt sich auch vorteilhaft für die Gesundheit aus: Enthält die Nahrung des Erwachsenen mehr als 600 g Fleisch (und vor allem Wurst oder Speck) pro Woche, steigt die Gefahr von Darmkrebs. Vegetarische oder beinahe vegetarische Ernährung hat einen positiven Effekt auf das Körpergewicht und das Risiko von Herz-Kreislauf-Erkrankungen.

Kuhmilch-Eiweiß besteht zu etwa 80 % aus Casein und zu 20 % aus Molkeneiweiß (Albumin und Globulin). Aus ersterem wird Käse gemacht, letzteres geht beim Verkäsen in die Molke ab. Milcheiweiß ist ein sehr sensibler Bestandteil der Milch und wird durch Erhitzen, Schütteln, Lichteinfluss etc. verändert (siehe Kapitel über „Einflüsse auf Milchinhaltsstoffe"). Als Folge kann ein typischer Koch- oder „Lichtgeschmack" entstehen, was nicht nur eine geschmackliche Qualitätsminderung bedeutet.

> Milcheiweiß wird durch Erhitzen, Schütteln, Lichteinfluss etc. sehr leicht verändert.

Säurebakterien verändern das Milcheiweiß ebenfalls. Dadurch wird Milch besser verdaulich, länger haltbar und differenzierter im Geschmack. Dies ermöglicht die Produktion einer Vielzahl verschiedener weiterer Milchprodukte.

Milchzucker (Laktose)

Milchzucker dient dem Menschen ebenfalls als Nährstoff. Der Mensch benötigt zum Verdauen von Milchzucker allerdings das Enzym „Laktase", welches von älteren Menschen (vor allem südlich der Alpen) meist nur mehr unzureichend gebildet werden kann. Die Fähigkeit, Milchzucker zu verdauen, ist für die Menschheit eine relativ „jung erlernte". Sie ist nicht älter als 9.000 Jahre (entstand also in der Zeit, als die Milchwirtschaft durch die Haltung von Auerochsen begann).

Das Enzym Laktase fehlt erwachsenen Menschen in einigen – vorwiegend asiatischen – Ländern gänzlich. In diesem Fall kann der Milchzucker nicht verdaut werden und dient als Nahrung für die Darmbakterien, die zwar für das Immunsystem des Menschen eine wichtige Rolle spielen, allerdings beim Verarbeiten von Milchzucker „Winde" produzieren können.

Ein Mangel am Enzym Laktase führt zu Laktoseintoleranz (Milchzuckerunverträglichkeit).

Der Mangel an Laktase – Laktoseintoleranz genannt – verursacht nach dem Genuss von Milch nicht nur Blähungen, sondern auch Durchfälle und ein Druckgefühl im Bauch. Menschen, die an Laktoseintoleranz leiden, können im Haushalt produzierte Sauermilchprodukte jedoch oft problemlos verzehren. Vor allem wenn sie etwas länger stehen, wird der enthaltene Milchzucker durch Säurebakterien abgebaut bzw. durch einen Kefir-Pilz – mehr oder weniger gänzlich – in Alkohol verwandelt.

Vorsicht ist jedoch angebracht bei industriell erzeugtem Joghurt oder bei anderen Milchprodukten, die nachträglich eine Eiweißanreicherung durch Milchpulver erfahren haben, bzw. ebenfalls bei Produkten, die gleich direkt nach der Fermentierung erhitzt wurden. Hier kann die Laktosekonzentration so hoch sein, dass die Symptome einer Laktoseintoleranz trotz Säuerung auftreten können.

Milchfett

Fett dient dem Körper zur Energieversorgung und als Träger der fettlöslichen Vitamine A, D, E und K. Milchfett hat den Vorteil, dass es sehr kurzkettige Fettsäuren enthält und somit leicht verdaulich ist. In der Milch liegt das Milchfett fein verteilt vor.

Milchfett ist leicht verdaulich.

Da die Fettkügelchen leichter sind als die Magermilch, steigen sie innerhalb von einigen Stunden an die Oberfläche und bilden eine Rahmschicht. Um dieses Aufrahmen zu verhindern, wird die Milch in den Molkereien homogenisiert, das heißt, die Fettkügelchen werden mechanisch zerschlagen. Somit bleibt das Fett in der Milch fein verteilt.

Für die Rahm-, Sauerrahm- und Butterherstellung wird Rahm von der Magermilch durch Zentrifugieren bzw. – seltener und heute nur mehr in wenigen Selbstversorger-Haushalten – durch Abschöpfen getrennt.

In Käse wird der Fettanteil entweder in „Fett absolut" (g/100 g) oder als „F. i. T." angegeben. Letzteres bedeutet „Fett in der Trockenmasse".

Es beschreibt die prozentuelle Fettangabe in dem wasserfreien Rest. Je fester bzw. härter ein Käse ist und je höher der „F. i. T.", desto mehr Fett ist im Käse enthalten.

Mineralstoffe

Die Milch enthält eine Vielzahl an Mineralstoffen, die für den menschlichen Körper für ganz unterschiedliche Bereiche von großer Bedeutung sind und auf die wir im Folgenden näher eingehen wollen.

Durchschnittliche Gehalte der wichtigsten Mineralstoffe (in mg/100 g)

Mineralstoff	Kuhmilch (3,5 %)	Schafmilch	Ziegenmilch	Stutenmilch
Kalzium	120	198	127	110
Phosphor	92	138	109	54
Kalium	140	168	181	64
Magnesium	12	20	11	9

Quelle: Bundeslebensmittelschlüssel (BLS) 3.02

Kalzium

Kalzium ist vor allem für den Knochenaufbau, die Zähne, den Blutdruck, die Nervenaktivität und verschiedene immunologische Prozesse nötig. Es ist wesentlich für die Blutgerinnung, die Muskelkontraktion und die Stabilisierung der Zellen. Das in der Milch enthaltene Kalzium kann vom Körper besonders gut verwertet werden.

Das in Milch enthaltene Kalzium kann vom Körper besonders gut verwertet werden.

Milch enthält etwa 1,2 g Kalzium pro Liter. In Labkäse ist Kalzium besonders konzentriert vorhanden, da es sich an die Eiweißbausteine bindet und kaum in die Molke abgeht. Bei Sauermilch-Topfen hingegen gelangt wesentlich mehr Kalzium in die Molke. Butter besteht zu mehr als 80 % aus Milchfett und ist daher keine nennenswerte Kalziumquelle.

Der Tagesbedarf an Kalzium beträgt – laut aktuellen Empfehlungen für die deutschsprachigen Länder – für Erwachsene sowie für Senioren etwa 1,0 g. In der Schwangerschaft und Stillzeit ist die Ausnutzbarkeit des Kalziums erhöht, sodass der Anteil in der Nahrung nicht höher sein muss als sonst. Heranwachsende zwischen 13 und 19 Jahren brauchen allerdings mehr Kalzium, nämlich 1,2 g/Tag. (Näheres über Milch in der Ernährung von Kindern siehe auch „Essen und Trinken im Kleinkindalter", www.hanreich-verlag.at).

Kalzium ist in Labkäse besonders konzentriert enthalten.

Für den alternden Menschen ist Kalzium wichtig, weil es der Knochenbrüchigkeit (Osteoporose) vorbeugt. Ab etwa dem 35. Lebensjahr wird der Knochen nicht mehr zusätzlich verdichtet. Davor hilft Kalzium dabei, den Knochen zu stärken – danach dabei, ihn stark zu erhalten.

Phosphor

Ein weiterer wesentlicher Mineralstoff ist Phosphor. Er ist ebenfalls für den Knochenaufbau und die Zähne notwendig. Erst das richtige Verhältnis von Kalzium und Phosphor – wie in der Milch vorhanden – ergibt die Voraussetzung für einen guten Knochenaufbau.

Magnesium und Kalium

Magnesium und Kalium sind in der Milch ebenfalls in einem gut abgestimmten Verhältnis enthalten. Sie sind für die Muskelaktivität und das Nervensystem von großer Bedeutung. Außerdem regulieren sie den Wasserhaushalt sowie den Säure-Basen-Haushalt im Körper.

Beim Schwitzen gehen Mineralstoffe mit dem Schweiß ab. Daher trinken Sportler oft gewässerte Buttermilch, Molke oder „Ayran" (siehe Kapitel Joghurt „Rezepte"), damit sie ihrem Körper sowohl ausreichend Flüssigkeit als auch die wichtigen Mineralstoffe zuführen.

Der täglich empfohlene, knapp halbe Liter Milch deckt einen wesentlichen Teil des benötigten Tagesbedarfs an Magnesium ab. Bei zu geringer Magnesiumzufuhr können Muskelkrämpfe, Druckgefühl im Kopf, Schwindel, Konzentrationsschwäche, Benommenheit, Nervosität, Angst, Depression, Magen-Darm-Probleme, Herzdruck oder auch Herzrhythmusstörungen auftreten. Magnesium ist also besonders für ältere Menschen sowie für Schwangere und Stillende ein wesentlicher Mineralstoff.

Sportler trinken oft Buttermilch oder Molke, um den durch Schwitzen entstandenen Mineralstoffverlust auszugleichen.

Spurenelemente

Spurenelemente sind Mineralstoffen (Mengenelementen) ähnlich, aber in kleineren Mengen nötig. Sie werden durch Erhitzen nicht zerstört, aber aus zerkleinerten Lebensmitteln ausgelaugt. In der Milch ist eine ganze Reihe an Spurenelementen enthalten. Wir greifen die wichtigsten heraus:

Durchschnittlicher Gehalt der wichtigsten Spurenelemente (in µg/100 g)

Spurenelement	Kuhmilch (3,5 %)	Schafmilch	Ziegenmilch	Stutenmilch
Zink	400	480	242	150
Eisen	60	58	41	65
Jod	11,7	10	4,1	2

Quelle: Bundeslebensmittelschlüssel (BLS) 3.02

Zink

Zink ist das mengenmäßig wesentlichste Spurenelement der Milch und hat viele verschiedene Aufgaben. So aktiviert es mehr als 100 Enzyme im Körper und ist für das Immunsystem, den Muskelaufbau, die Wundheilung sowie für die Festigkeit von Nägeln und Haaren wichtig.

Bei physischem und psychischem Stress wird Zink vermehrt über den Harn ausgeschieden, wodurch der Körper in dieser Zeit oft an Unterversorgung leidet, die sich durch Haarausfall bemerkbar machen kann. Sportler haben einen hohen Bedarf an Zink, Magnesium und Kalium.

Bei einseitiger Zufuhr von bestimmten Mineralstoffen – beispielsweise bei der Einnahme von Eisen-Tabletten – kann es leicht zu einem gestörten Mineralstoffverhältnis, im konkreten Fall zu einem Zinkmangel, kommen. Die Aufnahme von Zink aus der Milch ist optimal, wenn nicht gleichzeitig Getreide gegessen wird. Obwohl diese Kombination eine sehr gute Eiweißquelle ist, sollte bei nachgewiesenem Zinkmangel eine Zwischenmahlzeit vormittags oder nachmittags nur aus einem Glas Buttermilch oder einem Joghurt bestehen. Essen Sie Ihr Müsli dann besser mit Apfelmus, das erhöht auch die Eisenaufnahme aus dem Hafer.

Durch einseitige Zufuhr von Mineralstoffen (z. B. durch Mineralstoff-Supplemente) kann es zu einem Mangel kommen.

Eisen

Der Eisengehalt der Milch ist nicht sehr hoch. Fleisch und Fleischwaren, einige Gemüse (zum Beispiel Broccoli) und die eisenreichen Beilagen – Hirse, Hafer, Amaranth und Quinoa – sind bessere Eisenquellen. Obwohl das Eisen aus tierischer Milch nicht so gut und nur in geringen Mengen verfügbar ist, trägt Milch durch den Laktoferrin-Gehalt dennoch einen kleinen Anteil zur Eisenversorgung bei.

Jod

Milch ist eine wichtige Jodquelle. In den ehemaligen Gletschertälern aus der Eiszeit ist zu wenig Jod (und Selen) im Boden enthalten, daher kommt es zur Kropf-Bildung, wenn unjodiertes Salz (beispielsweise Himalaya-Salz) zum Kochen verwendet wird und wenige Jodquellen genutzt werden. In Zeiten des Skandals um Tschernobyl zeigte sich, wie wichtig eine gute Jodversorgung in unseren Breiten ist. Personen, die unzureichend mit Jod versorgt waren, lagerten das damals radioaktive Jod aus der Milch rasch in der Schilddrüse ein, wo es somit konzentriert wurde. Die Gefahr einer Störung der Schilddrüse wurde dadurch größer.

Milch ist eine wichtige Jodquelle für die Schilddrüse.

Vitamine

Vitamine sind empfindliche Bestandteile von Lebensmitteln, die wichtig sind, weil sie im Körper im Regelfall ebenfalls nicht selbst gebildet werden können. In der Milch sind die fettlöslichen Vitamine A, D, E, K und die wasserlöslichen Vitamine B_1, B_2, B_6, B_{12}, C, Niacin, Pantothensäure und Folsäure enthalten.

Durchschnittlicher Gehalt der wichtigsten Vitamine (in µg/100 g)

Vitamin	Kuhmilch (3,5 %)	Schaf-milch	Ziegen-milch	Stuten-milch
Vitamin A	31	44	74	17
Vitamin B_2	180	363	150	30
Vitamin B_{12}	0,4	0,5	0,1	0,3
Vitamin D	0,09	0,16	0,25	0,05

Quelle: Bundeslebensmittelschlüssel (BLS) 3.02

Vitamin A und Carotin

Vitamin A ist für die Sehkraft, die Haut und das Immunsystem wichtig. Es wird (wie in obiger Tabelle auch) in Äquivalenten angegeben, weil es in verschiedenen Formen vorkommt. Da Vitamin A fettlöslich ist, kommt es in allen fettreichen Milchprodukten vermehrt vor. Der Gehalt ist maßgeblich abhängig von der Fütterung der Tiere.

Carotin, die Vitamin-A-Vorstufe, verleiht der Butter die gelbliche Farbe.

Carotin ist eine Vorstufe von Vitamin A und ist in Kuhmilch enthalten – es verleiht der Butter die gelbliche Farbe. In Schaf- und Ziegenmilch ist bereits Vitamin A selbst und kein Carotin enthalten, daher sind Schaf- und Ziegenbutter weiß.

B-Vitamine

Alle B-Vitamine sind für den Stoffwechsel sehr wichtig. Vitamin B_2 (Riboflavin) fördert Wachstumsprozesse und ist bei der Energiegewinnung notwendig. Sportler haben einen erhöhten Bedarf.

Vitamin B_{12} (Cobalamin) ist sowohl für die Blutbildung als auch für die Wachstumsvorgänge nötig. Es ist in Schafmilch, aber auch in der Kuhmilch vermehrt vorhanden. Speziell Vegetarier müssen auf eine ausreichende Zufuhr von B_{12} achten.

Vitamin D

Der Vitamin-D-Gehalt der Milch ist abhängig von der Sonneneinstrahlung auf die Tiere, somit im Sommer höher als im Winter und viermal höher bei Milch von Almvieh als bei Milch von Kühen aus Stallhaltung. Es ist gut, dass die Milch viel Vitamin D enthält, weil dieses bei hoher Kalzium-Aufnahme erforderlich ist. Denn Vitamin D hilft beim Kalzium-Einbau in die Knochen.

Vitamin-D-reiche Speisen (Fisch, Eigelb, Käse und Fleischwaren) und Aufenthalt an der Sonne bzw. im Halbschatten kurbeln den Knochenaufbau folglich an, wenn Milch in der Nahrung verwendet wird. Dies ist vor allem für Kinder im Wachstum und für ältere Menschen wichtig.

In fettreduzierter Milch fehlt auch der Vitamin-D-Anteil, der ja fettlöslich ist. Somit kann das Kalzium nicht so gut in den Knochen eingebaut werden. Als Folge davon könnte es auch zu Prostata- und Eierstock-Krebs kommen, mutmaßen Wissenschafter. Daher ist es im Hinblick auf Vitamin D sinnvoller, Vollmilch zu wählen und – vor allem im Winter – für ausreichend Vitamin-D-Aufnahme zu sorgen.

Schädliche Stoffe in der Milch
Bakterien (Kolibakterien und Listerien)

Wenn Milch aus dem Euter kommt, ist sie noch etwa eine halbe Stunde keimarm. Erst dann beginnen Bakterien und Keime in der Milch, die einen idealen Nährboden darstellt, zu wachsen. Sowohl schädliche als auch nützliche Bakterien gelangen unter Umständen beim Melken, über die Stallluft oder beim Aufbewahren in die Milch. Heute hat man die schädlichen Bakterien allerdings durch verbesserte Stallhygiene, Überwachung der Tiergesundheit sowie durch sofortige Abkühlung und Pasteurisierung der Milch gut im Griff.

Bei der Pasteurisierung werden gleichermaßen nützliche (milchsäurebildende) wie schädliche Bakterien abgetötet. Will man Milch anschließend zu Sauermilchprodukten oder Käse verarbeiten, muss ihr folglich eine Säurekultur – also zum Beispiel etwas Joghurt oder Sauermilch – zugesetzt werden, um die gewünschte Säuerung zu erzielen.

Im sauren Milieu können sich weder Fäulnisbakterien noch die gefährlichen Kolibakterien gut vermehren. Daher sind Sauermilchprodukte länger haltbar als süße Milch, was für die Lagerung und Vorratshaltung günstig ist. Bei den einzelnen Sauermilchprodukten wird genauer zum Thema Milchsäure informiert.

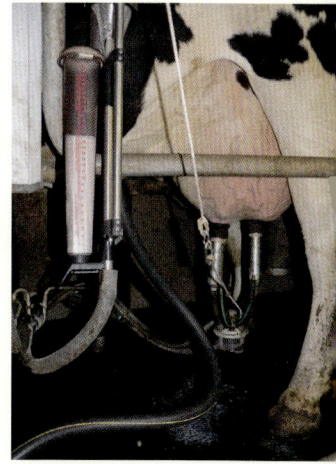

Milch, frisch aus einem gesunden Euter, ist noch ca. eine halbe Stunde keimarm.

Kolibakterien gelangen entweder durch mangelnde Stallhygiene, bei der Verarbeitung oder bei der Aufbewahrung in die Milch. Hier finden sie für sich einen idealen Nährboden vor – schon ab 5 °C können sie sich vermehren und die Milch oder deren Produkte verderben. Milch und Joghurt werden schlecht, Käselaibe werden gebläht. Durch den Genuss von verdorbenen Milchprodukten können sich beim Menschen Darmprobleme einstellen.

Schon oft wurde eine ganze Partie Rohmilchkäse schlecht und musste weggeworfen werden, weil unsauber gemolken wurde. Im Buch „Käsen leicht gemacht" (www.stocker-verlag.com) findet sich ein ganzes Kapitel über Hygiene-Regeln bei der Milchverarbeitung. Hier sei nur erwähnt, dass Hygiene bei der Milchverarbeitung und Zubereitung der Speisen generell überaus wichtig ist. Das Vermehren von Kolibakterien in der Milch wird vor allem durch das Pasteurisieren eingedämmt.

Kolibakterien finden in der Milch einen idealen Nährboden und vermehren sich ab 5 °C.

Listerien sind Bakterien, die überall vorkommen können – also in der Luft, im Wasser und im Boden, aber auch im Kühlschrank, auf Wischtüchern und in Lebensmitteln. Normalerweise ist der Mensch mit genügend Abwehrkräften ausgestattet, sodass Listerien ihm nicht viel anhaben können. Immungeschwächte (nach Transplantationen, bei AIDS, während einer Chemotherapie) sowie betagte Menschen, Schwangere und Frauen, die schwanger werden könnten, sollten auf Rohmilch, Rohmilchweichkäse und Rinde von Käse verzichten oder diese nur erhitzt konsumieren.

Listerien sind für Ungeborene, für Babys und Kleinkinder überaus schädlich. Sie kommen durch die Plazenta zum ungeborenen Kind und können ihm sehr gefährlich werden. Während die Listerieninfektion für die Schwangere selbst in der Regel harmlos verläuft, kann eine Infektion des Kindes zu einer Früh- oder Totgeburt führen.

Pasteurisieren oder Abkochen von Milch lässt die Listerien absterben. Die Behandlung in der Mikrowelle reicht hingegen nicht aus, um die Keime abzutöten! Milch und Milchprodukte können jedoch neuerlich von Listerien befallen werden, wenn verunreinigte Schneidbretter oder Aufschnittmaschinen verwendet werden. Daher ist Hygiene auch bei der Verarbeitung und Aufbewahrung von Milchprodukten sehr wichtig.

Listerien vermehren sich im Kühlschrank und überleben Temperaturen bis zu 60 °C. Sie werden häufig in der Rinde von Rotschmiere-Käse aus Rohmilch gefunden. Deshalb ist es auch für gesunde Erwachsene ratsam, diese Rinde nicht zu essen. Quargel kann ebenfalls mit Listerien belastet sein. In anderen Käsesorten kommen sie weniger oft vor, da bei Hartkäse (auch hier Rinde nicht verwenden!) das Wasser für ihre Vermehrung fehlt. Bei Frischkäse, wie Topfen, ist der Säuregrad für die Vermehrung von Listerien zu hoch. Ein sehr hoher Salzgehalt bietet ebenfalls einen gewissen Schutz vor Ausbreitung.

> Durch eine Listerieninfektion kann es zu einer Früh- oder Totgeburt kommen.

Amine

Amine, wie beispielsweise Histamin, entstehen durch Milchsäuregärung (Fermentation), aber auch beim Verderb von Lebensmitteln. Dabei zerlegen Enzyme das Eiweiß. Chemisch gesehen werden die Eiweißbausteine in Amine und Kohlendioxyd (CO_2) gespalten. Normalerweise sind Amine problemlos verträglich. Histamin wird auch im Körper gebildet und ist ein wichtiges Gewebshormon. Es reguliert das Ausschütten des Magensaftes sowie das Weiterbewegen der Nahrung im Darm und regt das Zusammenziehen verschiedener Muskeln an.

Zu viel Histamin in der Nahrung kann allerdings bei empfindlichen Personen – etwa 1 % der Bevölkerung, vor allem Frauen – Hautrötungen, Juckreiz, Übelkeit, Schwindel, Kopfschmerzen oder Durchfall auslösen. Schwangere sind bis zu einem gewissen Maß davor geschützt, weil

> Zu viel Histamin kann bei empfindlichen Menschen Kopfschmerzen oder Hautrötungen verursachen.

bestimmte Enzyme vermehrt in ihrem Körper gebildet werden, um das ungeborene Kind vor der Auswirkung von Histamin zu bewahren.

Amine sind in Käse (Camembert, Tilsiter, Edamer, Emmentaler), aber auch in Rotwein, Sekt, Fischen, Nüssen, Sauerkraut, Tomaten, Bananen, Erdbeeren und Ananas enthalten. Gemeinsam gegessen und in größerer Menge aufgenommen, können Amine schnell die kritische Menge überschreiten und bei Histamin-Intoleranz die oben genannten Symptome auslösen. Anders als bei Allergien werden kleine Mengen oftmals toleriert.

Je länger die Reifezeit und die Lagerung des Käses, desto höher kann der Gehalt an Histamin sein. Histamin ist hitzestabil und wird auch durch Tiefkühlen nicht zerstört. Neben Alkohol ist gereifter (Rohmilch-)Käse (Emmentaler, Parmesan oder Bergkäse) der häufigste Auslöser für eine Histamin-Unverträglichkeit.

> **ACHTUNG** | **Käse und Alkohol**
>
> Empfindliche Personen sollten auf die Kombination von alkoholischen Getränken mit Käse verzichten, weil Alkohol die Aufnahme von Histamin in den Körper beschleunigt!

Gereifter Rohmilchkäse ist einer der häufigsten Auslöser für Histamin-Unverträglichkeit.

Nitrat, Nitrit, Nitrosamine

Milch an sich ist praktisch nitrat- und nitritfrei. Nitrat kann jedoch – sofern nitratreiches Wasser verwendet wird – bei der Käseverarbeitung, beim „Bruchwaschen" oder über das „Salzbad" in den Käse gelangen (siehe Kapitel „Käse"). Nitrat gelangt in großen Mengen über die Düngung in die Pflanzen und ins Grundwasser. Es ist selbst ungiftig und wird vom Menschen großteils sofort ausgeschieden. Unter bestimmten Umständen kann Nitrat jedoch in Nitrit umgewandelt werden. Das kann zu Reaktionen von Nitrit und Aminen und zum Umbau in Nitrosamine führen, die nachgewiesenermaßen krebserregend sind.

Nitrit ist für Babys bis zum 4. Lebensmonat sehr gefährlich, da es die Sauerstoffaufnahme hemmt.

Nitrit hemmt zudem die Sauerstoffaufnahme und ist für Babys bis zum 4. Lebensmonat sehr gefährlich. Daher muss man bereits für Babys, die nicht gestillt werden, auf eine sehr gute Wasserqualität bei der Zubereitung von Säuglingsnahrung achten. Tafelwasser wird, wenn es für Babys geeignet ist, als solches gekennzeichnet (siehe „Essen und Trinken im Säuglingsalter", www.hanreich-verlag.at).

Andererseits kann es unter Umständen zu Nitratanreicherung im Käse durch Zugabe von Käsereisalzen (Nitraten), die man zum Verhindern von Gasbildung im Käse einsetzt, und durch Schmelzsalze, die zum Schmelzen von Käse verwendet werden, kommen.

Durch Käsereisalze kann es zu einer Nitratanreicherung im Käse kommen.

Der Nitrat-Zusatz (in Form von Käsereisalzen) ist in Österreich bis zu maximal 15 g/100 Liter Kesselmilch erlaubt. Durch ausreichende Reifung

Die Aufnahme von Nitrat
ist bei normalem Käsekon-
sum vernachlässigbar.

des Käses verringert sich die enthaltene Nitratmenge auf 6–8 mg/kg
Käse. Diese Werte gelten als unbedenklich.

Erwachsene sollten maximal 50–100 mg Nitrat pro Tag zu sich nehmen. Davon werden über Käse, bei normalem Konsum, etwa 0,25 %
aufgenommen. Dies ist im Verhältnis eine verschwindend geringe Menge,
wenn man bedenkt, dass über nitratreiches Trinkwasser oftmals mehr
als 20 % und über Gemüse (vor allem Glashausgemüse) bis zu 70 % der
Nitratmenge aufgenommen werden.

Umweltschadstoffe

Immer wieder las und liest man in den Medien von Skandalen wegen
starker Belastung der Umwelt durch Schwermetalle und andere Um-
weltschadstoffe – beispielsweise der Hexachlorbenzol-(HCB-)Skandal in
Kärnten 2014. Das Thematisieren der Umweltprobleme hat in manchen
Bereichen bereits zu positiven Änderungen geführt. Denken Sie an die
Einführung von bleifreiem Benzin, an stärkere Kontrollen und hohe Auf-
lagen für die Industrie.

Milch ist von Umweltbelastungen nicht unberührt. Gras, Getreide und
Kraftfutter werden vom Tier gefressen und deren Inhaltsstoffe gelangen
auch in die Milch. Beim Menschen ist eine ähnliche Situation gegeben.
So war die Muttermilch noch vor einigen Jahren stark mit Blei belastet.

Über belastetes Gras, Heu
oder Kraftfutter gelangen
auch Schadstoffe in die
Milch.

Auch die radioaktive Belastung nach dem Reaktorunfall in Tschernobyl ist bekannt. Vor allem jene Tiere, die mit dem belasteten Regen in
Berührung kamen, gaben die Radioaktivität sofort mit der Milch weiter,
sodass diese Milch in den ersten Tagen nach dem Unglück nicht getrunken werden durfte. Während selbst im Jahre 2015 bei Pilzen immer
noch eine radioaktive Belastung nachgewiesen werden kann, konnte
Milch bei unbelastetem Tierfutter (Heu aus der Zeit vor dem Unfall und
Stallhaltung) schon nach kurzer Zeit wieder konsumiert werden.

In Zukunft wird aber weiterhin Achtsamkeit nötig sein, nicht nur bei
Milch und Milchprodukten, sondern bei der gesamten Nahrung, den
Getränken und im gesteigerten Maße bei Baby- und Krankenkost.

Einflüsse auf Milchinhaltsstoffe

Milch ist ein sehr heikles Lebensmittel. Das heißt, dass sich die Struktur
der einzelnen Bestandteile der Milch durch die verschiedensten Einflüsse
verändern kann.

Licht

Setzt man Milch oder Milchprodukte dem Tageslicht, der direkten Sonneneinstrahlung oder auch künstlicher Beleuchtung aus, dann erhält man den
sogenannten „Lichtgeschmack" – einen erst leicht metallischen, später

käsigen Geschmack, der bei Reaktion des Eiweißbausteins Methionin mit Vitamin B_2 entsteht. Wurde die Milch homogenisiert, so reagiert sie noch empfindlicher. Auch tritt unter Lichteinfluss ein Vitaminverlust, vor allem bei den Vitaminen A und K sowie B_2, B_6, B_{12} und Folsäure, auf. Im Sonnenlicht wird Vitamin B_2 (Riboflavin) in wenigen Stunden um bis zu 90 % abgebaut. Einen gewissen Schutz bieten dunkle Milchflaschen. Im Karton oder in einer Milchkanne mit Deckel ist optimaler Lichtschutz gegeben.

Durch Lichteinwirkung kommt es zu Vitaminverlust in der Milch.

Sauerstoff

Wenn Sie die Milch offen stehen lassen und Sauerstoff an die Rohmilch kommt, so setzt an der rahmreichen Milchoberfläche ein Oxidationsprozess ein. Der Rahm schmeckt infolge der Reaktion des Milchfettes mit dem Sauerstoff nach einiger Zeit ranzig. Homogenisierte Milch ist davor weitgehend geschützt, weil das Fett kaum mehr aufrahmt. Darüber hinaus werden durch die Einwirkung von Sauerstoff insbesondere die Vitamine A, B_{12}, C, E und Folsäure abgebaut.

Offenstehende Milch verändert leicht den Geschmack und zieht Bakterien an.

Milch nimmt, wenn sie offen im Kühlschrank steht, auch den Geschmack und die Bakterien des Kühlschranks an. Sie verdirbt schnell. Pasteurisierte Milch fault und wird nicht sauer, weil meist Fäulnisbakterien im Kühlschrank vorhanden sind, die sich im Gegensatz zu den Säurebakterien schon bei 5 °C gut vermehren können.

Ein unruhiger und langer Transport sowie eine ungünstige oder zu lange Lagerung haben ebenso Auswirkungen auf die Qualität der Milch, weil durch das Schütteln oder eine lange Stehzeit ein stärkerer Oxidationsprozess bewirkt wird. Die Milch verliert dabei nicht nur an Vitaminen, auch die Eiweißbausteine verändern sich in ihrer Struktur.

Erhitzen

Durch Erhitzen der Milch werden unter anderem die krankmachenden Keime (Tuberkulose, Brucellose) in der Milch abgetötet und die Milch wird gleichzeitig haltbarer gemacht. Sie ist dadurch für den Handel und für den Konsumenten besser lagerfähig.

- **Dauererhitzung:** 62–65 °C mindestens 30 Minuten (Langzeit-Pasteurisierung)
- **Pasteurisieren:** 72–75 °C für 15–30 Sekunden (Kurzzeit-Pasteurisierung)
- **Hocherhitzen:** 85 °C mindestens 4 Minuten lang (ESL-Milch)
- **Ultrahocherhitzen:** 135–150 °C mindestens 1 Sekunde (H-Milch)
- **Sterilisieren:** 107–115 °C für 20–40 Minuten

Haltbarmilch, sogenannte H-Milch, ist für den Handel und den Konsumenten besser lagerfähig.

Zu der hocherhitzten Milch zählt die mit Dampfblasen hocherhitzte, sogenannte ESL-Milch („extended-shelf-life"-Milch). Sie verbirgt sich für den Laien hinter dem Werbeaufdruck „länger frisch". Die Milch ist dann über feine Dampfdüsen höher erhitzt als pasteurisierte Milch und hat auch weniger wertvolle Inhaltsstoffe als diese. Sie bleibt im Regal und im Kühlschrank deutlich länger frisch (zwei bis drei Wochen) als pasteurisierte Milch, hat aber nicht den starken Kochgeschmack einer ultrahocherhitzten Milch (H-Milch).

Die Belastung beim Erhitzen der Milch im Verhältnis zum Pasteurisieren

Art der Erhitzung	Belastungsfaktor
Pasteurisieren	1
Ultrahocherhitzen	100–500
Kochen	5.000
Sterilisieren	10.000–20.000

Temperatur und Dauer des Erhitzens sind für den Vitaminverlust ausschlaggebend.

Beim Erhitzen der Kuhmilch sind für den Vitaminverlust die Temperatur und die Dauer des Erhitzens ausschlaggebend. Demnach ist herkömmliche Pasteurisierung schonender als Ultrahocherhitzen oder Dampferhitzen, dieses wiederum schonender als Kochen oder Sterilisieren. Die Verluste bei ESL-Milch, der sogenannten „Länger-frisch-Milch", liegen zwischen der Pasteurisierung und der Ultrahocherhitzung. Durch Erhitzen wird auch die Milcheiweißstruktur verändert. Hitzeempfindlich sind vor allem: Folsäure, Vitamin B_2, B_{12}, Vitamin C und Orotsäure.

Erhitzungs-verluste (in %)	B_1 (Thiamin)	B_6 (Pyridoxin)	B_{12} (Cobalamin)	Folsäure
Pasteurisieren	< 10	0–8	< 10	< 10
Ultrahocherhitzen	5–15	< 10	10–20	5–20
Kochen	10–20	10	20	15
Sterilisieren	20–50	20–50	20–100	30–50

Durch Zugabe einer Säurekultur wird eine ideale Bedingung für die Milchsäuerung geschaffen.

Säuerung

Durch einfaches Stehenlassen der rohen, unpasteurisierten Bauernmilch oder durch Zugabe von entsprechenden Säurekulturen oder Kefir-Pilzen zu pasteurisierter Milch werden bei entsprechenden Temperaturen ideale Bedingungen für eine Milchsäuerung geschaffen.

So können Sauermilch, Joghurt, Kefir, Sauerrahm, Buttermilch sowie Molke und Käse hergestellt werden (Näheres siehe in den Kapiteln „So wird's gemacht"). Unter anderem werden damit eine längere Haltbarkeit, mehr Produktvielfalt und eine bessere Produktverdaulichkeit erzielt.

Labfällung

Durch Zugabe von Lab, das früher aus dem Kälber-Labmagen, heutzutage mikrobiell gewonnen wird, wird die Milch „dickgelegt". Sie stockt aus. Dabei spaltet ein enthaltenes Enzym die Wasserhülle des Caseins ab, was zu einem Netzwerk aus Casein-Bausteinen mit Kalzium führt. Bei der Käseherstellung wird diese Gallerte geschnitten oder gebrochen und die Molke tritt so rasch und effizient aus.

Chemische Konservierung

In tropischen und subtropischen Ländern ist die chemische Konservierung der Milch gebräuchlich. Durch einen Zusatz von 0,05–0,08 % Wasserstoffperoxid (H_2O_2) bleibt die Milch bei 30 °C haltbar. Wasserstoffperoxid zerstört fast alle Mikroorganismen. Einzelne krankmachende Keime können jedoch in der Milch überleben. Das Pasteurisieren der Milch ist in diesen Ländern unbedingt notwendig. Meist wird die Milch dort noch zusätzlich abgekocht. Durch die Lagerung der Milch entweicht H_2O_2 wieder restlos. In unseren Breitengraden ist eine chemische Konservierung der Milch nicht gestattet.

Schneiden der durch Lab „dickgelegten" Milch

Milch im Handel

Milch, die nicht direkt vom Bauern – sozusagen „ab Hof" – geholt wird, wird im Handel meist in der Flasche oder im beschichteten Karton angeboten. Auf der **Packung** oder am **Etikett** der Flasche müssen **folgende Daten** vermerkt sein:

- Füllmenge
- Ursprungsgebiet: Land, Region, Molkerei- oder Hofname
- Art der Milch: Vollmilch, Frischmilch, Haltbarmilch
- Fettgehalt: 3,6 %, 0,1 % oder mit natürlichem Fettgehalt
- Nährwerttabelle mit Angaben je 100 g
- Art der Behandlung: pasteurisiert, homogenisiert, hocherhitzt etc.
- Haltbarkeitsdatum etc.
- Qualitätsmarken, Biomarken
- Vertriebsfirma

Milcharten im Handel

- **„Rohmilch" – sogenannte „Ab-Hof"-Milch:** Die Milch (ausschließlich vom Bauern) ist meist gekühlt, sonst unbehandelt, mit einem natürlichen Fettgehalt von 3,8 bis 4,5 % je nach Laktationsperiode.
- **Frischmilch:** tagesfrisch, sehr hohe Qualität, 3,6 % Fettgehalt
- **Pasteurisierte Vollmilch:** homogenisiert, 3,6 % Fettgehalt
- **„Länger-frisch"-Milch (ESL-Milch):** 3,6 % Fettgehalt oder fettarme Milch (1 % Fettgehalt), schonend ultrahocherhitzte Milch, zwei bis drei Wochen haltbar
- **Ultrahocherhitzte Milch (H-Milch):** Milch mit 3,6 % Fettgehalt, bis zu sechs Monate haltbar
- **Sterilisierte Milch:** Milch mit 3,6 % Fettgehalt, ein Jahr haltbar
- **Kondensmilch:** bis zu $1/3$ eingedickt, 7,5 % Fettgehalt
- **Blockmilch:** Diese ist so weit eingedickt, dass sie im festen Block (hauptsächlich für die Schokoladeerzeugung) geliefert wird.
- **Milchpulver oder Trockenmilch:** Diese enthält nur mehr 4 % Wasser. Sie wird durch Walzentrocknung oder schonende Sprühtrocknung hergestellt. Verwendet wird Trockenmilch als Notvorrat und in der Lebensmittelindustrie für Fleischspeisen, Suppen, Backwaren, Süßwaren, Schokolade, Riegel, Säuglingsmilchnahrungen etc.
- **Laktosefreie Milch:** Der Milchzucker wurde enzymatisch stark reduziert.

Ab-Hof-Milch

Generell wird diese frische Milch gekühlt meist als „Rohmilch" zum Verkauf angeboten. Gelegentlich kann sie auch pasteurisiert sein. Rohmilch ist zur Zubereitung von Milchprodukten und Milchspeisen bestens geeignet, wenn diese sofort erfolgt.

Der Genuss frischer Rohmilch ist für Kinder ab sechs Jahren und für Erwachsene jeden Alters bedenkenlos möglich, sollte aber bei Immunschwäche nicht erfolgen. Rohmilch säuert natürlich und eignet sich dann auch als saure Milch für den Verzehr.

Länger-frisch-Milch (ESL-Milch)

Was ist denn da Gutes drin?

Die Abkürzung ESL steht für „extended shelf life" – längere Haltbarkeit im Regal. Während pasteurisierte Milch fünf bis sechs Tage gekühlt haltbar ist und H-Milch drei bis sechs Monate, liegt die Haltbarkeit von ungeöffneter ESL-Milch bei 8–10 °C bei 12 bis 21 Tagen. Bei einer Lagertemperatur von 5 °C hält sie sogar 20 bis 40 Tage. Für den Handel ist dies ein großer Gewinn und auch für Konsumenten ist es bei sommerlichen Temperaturen praktisch, dass sich die Milch so lange hält.

Sie ist jedoch nach Anbrechen der Packung nur gleich lang lagerfähig wie pasteurisierte Milch.

Seit August 2007 ist die Verpflichtung gefallen, die ESL-Milch speziell zu kennzeichnen, sodass sie leicht für eine pasteurisierte Milch gehalten werden kann. Einzig in der Werbebotschaft „länger frisch" merkt der Konsument beim Einkauf den Unterschied. Viele Konsumenten würden allerdings lieber die mehr und mehr verdrängte, vitaminreichere, herkömmlich pasteurisierte Milch verwenden. Feinschmecker greifen daher lieber zur herkömmlich pasteurisierten Milch oder zu Rohmilch vom Bauernhof.

Zwar ist der Kochgeschmack der ESL-Milch nicht so ausgeprägt wie bei der H-Milch, aber eine geschmackliche Differenz zu herkömmlich pasteurisierter Milch ist im Vergleich sehr wohl feststellbar. Was als zusätzlicher Nachteil gewertet werden kann, ist, dass – ähnlich wie bei H-Milch – ein Verderb anfangs nicht so offensichtlich ist wie bei pasteurisierter Milch.

> Der Kochgeschmack von ESL-Milch ist nicht so ausgeprägt wie der von H-Milch.

Der Vitaminverlust beträgt etwa 10 % gegenüber Rohmilch, steigt jedoch um bis zu 15 % bei längerer Lagerung. Noch etwas ist wichtig für Sie zu wissen: Wenn man Joghurt aus ESL-Milch selbst zubereiten will, empfiehlt es sich, die Milch vorher aufzukochen, weil das Joghurt sonst Fäden zieht und schleimig wird!

Laktosefreie Milch

Mittlerweile gibt es im Handel Milch und Milchprodukte, deren Milchzuckergehalt reduziert wurde. Sie sind speziell für Menschen mit Milchzucker-Unverträglichkeit (Laktoseintoleranz) gedacht. Viele unserer Rezepte lassen sich auch mit laktosefreien Produkten kochen oder zubereiten. Da Milchsäurekulturen (auch Joghurtkulturen) Milchzucker als Nahrungsquelle brauchen, sind gesäuerte Milchprodukte nicht in gleicher Weise aus laktosefreier Milch herstellbar.

> Aus laktosefreier Milch sind keine Sauermilchprodukte selbst herstellbar.

Die einzelnen Milchsorten

Haben wir Milch bislang ganz allgemein behandelt, so wird im folgenden Kapitel der Unterschied zwischen den Milcharten von Schaf, Ziege und Pferd/Esel hervorgehoben.

Die Milch von Kuh, Schaf, Ziege, Büffel oder Stute ist seltener als Kuhmilch und fällt in geringeren Mengen an. Diese Milcharten gelten jedoch vielerorts – dank ihrer anders zusammengesetzten Inhaltsstoffe und ihres artspezifischen Geschmacks – nicht nur als Spezialität, sondern auch als Heilnahrung.

Kuhmilch

Wird im Handel von „Milch" gesprochen, so versteht man – gesetzlich festgelegt – Kuhmilch darunter. Sie ist die gebräuchlichste Milch im europäischen Raum, weil durch Melken größere Mengen davon gewonnen werden können als von Schaf oder Ziege. Normalerweise hat sie einen Fettanteil von über 4 %. Im Handel wird sie in Österreich aber als Vollmilch mit 3,6 % Fettanteil, in Deutschland mit 3,5 % Fettanteil, angeboten. Technologisch veränderte Milcharten (Magermilch, laktosefreie Milch etc.) werden fast ausschließlich auf Kuhmilchbasis angeboten.

Der vitaminähnliche Inhaltsstoff Orotsäure (*oros*, auf Griechisch Molke), der vor allem in Kuhmilch und Schafmilch enthalten ist, wurde ursprünglich als Vitamin B_{13} bezeichnet. Sie kommt auch in Hefen und bestimmten Schimmelpilzen vor. Orotsäure unterstützt das Herz in der Energieversorgung und kann die Gedächtnis- und Lernleistung verbessern.

Schafmilch

Die Zusammensetzung der Schafmilch unterscheidet sich stark von der Kuh- und Ziegenmilch. Nicht nur, dass die Schafmilch die eiweißreichste Milch ist, ihr Gehalt an fast allen Vitaminen, Spurenelementen und Mineralstoffen ist höher als bei den anderen Milcharten. Dementsprechend braucht man täglich nur 250 ml bis 500 ml Schafmilch trinken, um ausreichend versorgt zu sein. Diese Menge deckt den größten Teil des Tagesbedarfs an Eiweiß, Vitaminen und Mineralstoffen. In Gegenden, wo hauptsächlich Schafmilch genossen wird, wie z. B. im Kaukasus, erreichen die Menschen häufig ein sehr hohes Alter.

Eine Substanz, die vermehrt in Schafmilch vorkommt, ist Amygdalin (*Prunus amygdalus* = Mandel), früher auch als Vitamin B_{17} bezeichnet. Es ist fettlöslich und verleiht der Schafbutter den typischen Mandelgeschmack.

Der Schafbauer beim
Schafmelken auf der
Weide

Die Herstellung von Schafmilchjoghurt wird im Kapitel „Joghurt" und im Buch „Käsen leicht gemacht" (www.stocker-verlag.com) genauer beschrieben. Schafmilchjoghurt entwickelt, wenn es schonend erzeugt wird, hauptsächlich rechtsdrehende Milchsäure, die auch in unseren Muskeln physiologisch vorkommt.

Aus Schafmilch könnte für den häuslichen Gebrauch auch Acidophilus-Milch hergestellt werden. Acidophilus-Bakterien entwickeln sich am besten bei 37 °C. Wird Schafmilch aus kontrollierten Betrieben nicht höher als auf 45 °C erwärmt, bleiben alle Vitamine weitgehend erhalten.

Alle Kochrezepte für Kuhmilch und Kuhmilchprodukte können auch mit Schafmilch und deren Produkten hergestellt werden. Allerdings sollte man Schafmilch anders behandeln als Kuhmilch. Will man mit Schafmilch kochen, müssen 10–30 % Wasser beigemengt werden, andernfalls flockt das Eiweiß aus.

> Bei der Herstellung von Schafmilchkäse kann die Zugabe von Wasser nötig sein.

Das Pasteurisieren sollte so schonend wie möglich und nur, wenn es wirklich notwendig ist, durchgeführt werden. Zu hohe Erwärmung verändert die Inhaltsstoffe – vor allem das Eiweiß und die Vitamine der Milch. Dies soll nach Möglichkeit vermieden werden.

Ein Tiefkühlen der Schafmilch ist möglich, wenn es sehr rasch erfolgt und die Milch kurz vorher aufgequirlt wurde. Allergiker oder Kranke können mit tiefgefrorener Milch auch über den Winter versorgt werden, wenn die Milchschafe keine Milch geben, da sie Lämmer bekommen. Das Auftauen der Milch sollte jedoch dann schnell und ohne Überhitzung (unter 34 °C) erfolgen. Die Mikrowelle ist dazu – aus unserer Sicht der Dinge – nicht so gut geeignet, da das Eiweiß wie beim Kochen verändert wird und die Abwehrzellen der Milch absterben. Die tiefgefrorene Milch ist nach dem Auftauen leicht ausgeflockt, kann aber trotzdem verwendet werden. Mixen Sie sie in diesem Fall kurz durch!

Ziegenmilch

Um eine Wahl zwischen den einzelnen Milcharten treffen zu können, ist es wichtig, über deren Inhaltsstoffe und den eigenen Bedarf Bescheid zu wissen. So fehlt in Ziegenmilch beispielsweise Folsäure, welche für Schwangere, Babys und ältere Menschen besonders wichtig ist. Ziegenmilch sollte daher durch viel grünes Gemüse, Salat, Orangen und Vollkornprodukte ergänzt werden. Überzeugen Sie sich von guter Hygiene auf dem Hof des Milchbauern Ihres Vertrauens. Das bietet Sicherheit.

> Ziegenmilch muss durch folsäurereiche Lebensmittel ergänzt werden.

Ziegenmilch weist eine andere Zusammensetzung als Schaf- oder Kuhmilch auf. Sie galt in früheren Zeiten als die Milch der „armen Leute". Tatsache ist, dass diese Bauern meist sehr gesund waren und ein hohes Alter erreichten.

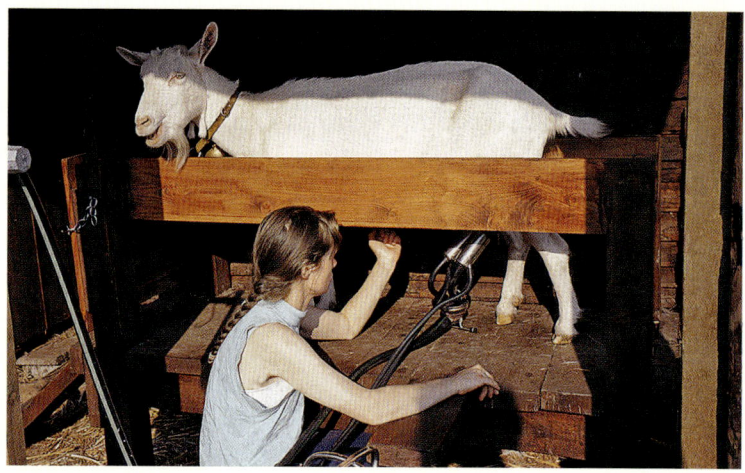

Diese Ziege wird in einem Melkstand gemolken.

Die Eiweiß- und Fettstruktur der Ziegenmilch dürften sich besonders günstig auf die Verdauung auswirken. Diese positiven Eigenschaften der Ziegenmilch machen sie zu einer wertvollen Schonkost bzw. Heilnahrung.

Ziegenmilch kann als Trinkmilch, zum Kochen oder als Milchprodukt (Joghurt, Käse oder Molke) verwendet werden. Ziegenjoghurt ist flüssiger und enthält vorwiegend die günstige, rechtsdrehende Milchsäure. Das Joghurt wird aus pasteurisierter Milch hergestellt. Obwohl in unpasteurisiertem Joghurt fast alle ursprünglichen Vitamine enthalten wären, wird aus Sicherheitsgründen oft der Vitaminverlust bei schonendem Pasteurisieren in Kauf genommen. Ziegenkäse weist einen typisch pikanten Geschmack auf und wird schon allein deswegen vielfach geschätzt.

Butter aus Ziegenmilch ist weiß, da in ihr Vitamin A statt Carotin enthalten ist.

Da in Ziegenmilch Vitamin A und nicht dessen Vorstufe Carotin enthalten ist, besitzt die Ziegenbutter eine weiße Farbe. Sie wird vielfach als Salben-Basis verwendet. Nicht nur die Herstellung von Butter, sondern auch alle anderen angegebenen Rezepte können mit Ziegenmilch gemacht werden.

Stutenmilch

Pferdemilch, die von Stuten gemolken wird, ist wässrig und das Eiweiß besteht großteils aus Molkeneiweiß und kaum aus Casein. Deshalb kann diese Milch auch nicht verkäst werden.

Stutenmilch wird oft von Menschen mit Kuhmilchallergie verwendet. Sie gelangt meist tiefgefroren zum Kunden und muss knapp vor dem Verzehr schonend im Wasserbad aufgetaut werden. Stutenmilch ähnelt – wie fälschlicherweise oft vermutet – nicht der menschlichen Frauenmilch. Das Baby wäre unterversorgt, wenn sie als Muttermilchersatz verwendet werden würde, und Mangelerscheinungen würden auftreten.

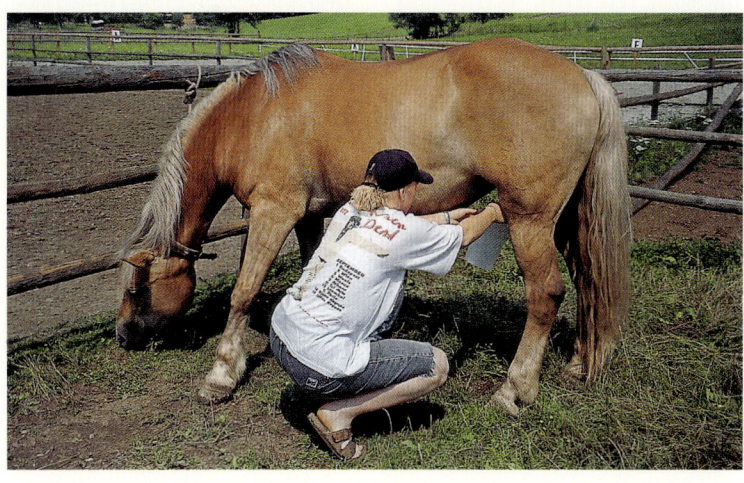

Eine Stute wird gemolken.

Vergorene Stutenmilch, Kumys genannt, ist ähnlich dem Kefir alkoholisch und daher nicht für Kinder geeignet. In Asien ist er als Getränk gebräuchlich und vor allem bei Nomadenvölkern, beispielsweise in Tibet oder der Mongolei, beliebt.

Oftmals werden kosmetische Produkte aus Esels- oder Stutenmilch erzeugt. Doch gibt es auch vereinzelt schwere Allergien auf Stutenmilch und die daraus gewonnenen kosmetischen Produkte.

Gesund mit Milch

Milch als Grundnahrungsmittel

Milch ist für den Menschen sein ganzes Leben lang ein wichtiges Lebensmittel. Von den sieben Lebensmittelgruppen, aus denen unsere Nahrung besteht, nehmen Milch und Milchprodukte als mengenmäßig wichtigste eigene Gruppe einen besonderen Stellenwert ein.

Babys im ersten Lebensjahr werden am besten mit Muttermilch ernährt. Ist dies nicht möglich, so muss eine industrielle, auf Muttermilch möglichst abgestimmte Ersatznahrung auf Kuhmilchbasis angeboten werden. Dabei werden Molkenpulver und Milchpulver gemischt und ergänzt, denn die menschliche Milch hat ein gänzlich anderes Eiweißverhältnis. Sie besteht hauptsächlich aus Molkeneiweiß, während tierische Milch (Kuh, Schaf, Ziege) primär Casein enthält, weshalb man daraus auch Käse herstellen kann.

Ist Stillen nicht möglich, soll eine Säuglingsnahrung gegeben werden.

In der Ernährung von **Kindern** ab einem Jahr nimmt Milch (allen voran Kuhmilch) einen wichtigen Platz ein. Kinder können Milchzucker besonders gut spalten und lieben – in der Regel – Milch und Milchprodukte sehr. Mit einem Jahr werden 300 ml, mit zwei bis drei Jahren 330 ml und mit vier bis sechs Jahren 350 ml Milch benötigt. Auch für **Jugendliche**, die zumeist eher Milchprodukte als Milch konsumieren, ist diese Lebensmittelgruppe bedeutend, weil dann und weiter bis zum 35. Lebensjahr die Knochen durch das Kalzium der Milch verdichtet werden.

Bis zum 35. Lebensjahr baut Kalzium aus der Nahrung die Knochen auf.

Mit Milch lässt es sich auch leichter und besser lernen, weil ihr Vitamingehalt die Konzentrationsfähigkeit des Schülers erhöht. Nach neuesten wissenschaftlichen Erkenntnissen fördert Milch genaueres und schnelleres Denken. Deshalb ist ein milchhaltiges Frühstück (ein Milchgetränk zum Brot, ein Müsli mit Joghurt oder ein warmer Getreide-Milch-Porridge) von Vorteil. Wenn der Kohlenhydratspeicher der Leber über Nacht ganz erschöpft ist, ist der Blutzucker in der Früh leicht abgesunken. Dadurch entsteht ein vorübergehender Nährstoffmangel, der durch das richtige Frühstück wieder ausgeglichen werden kann.

Bei Absenkung des Blutzuckerspiegels können Erschöpfung, geringe Merkfähigkeit, Antriebsunlust bis hin zur Neigung zu Depressionen und Reizbarkeit auftreten. Es erweist sich deshalb auch als besser, 5-mal täglich kleinere Mahlzeiten zu sich zu nehmen, um den Blutzuckerspiegel auf gleichem Niveau zu halten. Milch und Milchprodukte sind als Pausenverpflegung auch für Studenten beim Lernen ein Hit.

Milch schmeckt in jeder Form.

Von **Erwachsenen** sollten täglich etwa 500 ml Milch getrunken werden, von Jugendlichen etwas mehr. Der tägliche Milchkonsum (zwei bis drei Portionen à 150 ml) deckt etwa 70 % der täglich benötigten Menge an Kalzium und Phosphor für den Knochenaufbau. Die Knochen stützen den Körper und schützen die inneren Organe.

Für heiße Tage werden gewässerte, gesalzene Milch, Sauermilch, Molke oder Joghurt als Durstlöscher empfohlen. Für nasskalte Tage hingegen eignet sich zum Aufwärmen heiße Milch mit Honig und eventuell Gewürzen, wie Zimt, Kardamom oder Vanille.

Milch unterstützt dank ihrer Inhaltsstoffe auch Menschen, die Sport betreiben. Erwachsene Spitzensportler, die einen erhöhten Nährstoffbedarf haben, trinken zu ihrer körperlichen Stärkung und zur Erhöhung ihrer Konzentrationsfähigkeit oft täglich mehr als einen Liter (Sauer-)Milch.

Auch ältere Menschen sollten regelmäßig Milch konsumieren.

Bei **älteren Menschen** helfen Milch und Milchprodukte mit, eine ausgewogene Versorgung mit Vitaminen, Mineralstoffen und Spurenelementen zu sichern. Zusätzlich stellen sie eine hochwertige Eiweißquelle dar. Im Alter wird vor allem Kalzium benötigt, um die Knochen stabil zu erhalten. Häufig fehlt älteren Menschen aber das Enzym Laktase, das zur Verdauung des Milchzuckers in der Süßmilch notwendig ist. Darum sollen ältere Menschen dann eher zu Sauermilchprodukten und Käse greifen. Die Verwendung von laktosefreien Milchprodukten, wie sie im Handel mittlerweile erhältlich sind, ist ebenfalls möglich.

Bei Laktoseintoleranz im Alter sind Käse und Sauermilch geeignet.

Ältere Senioren und hochbetagte Menschen sind mit essentiellen Aminosäuren, Vitaminen, Mineralstoffen und Flüssigkeit zumeist unterversorgt. Für Menschen ab 65 Jahren bedeutet der tägliche Genuss von einem halben Liter (Sauer-)Milch oder 45 g Käse die Deckung von einem Drittel des täglich notwendigen Energie- und Nährstoffbedarfs. Darüber hinaus liefert Milch einen wesentlichen Teil der notwendigen Flüssigkeit.

Milch im Kreis des Lebens

- Babys sollen im 1. Jahr nur Muttermilch bzw. Säuglingsmilchnahrung als Getränk erhalten.
- Kleinkinder brauchen ab dem 1. Jahr täglich 3 kleine Portionen à 100 ml.
- Vorschulkinder benötigen 3 Portionen à circa 120 ml Milch.
- Jugendliche sind mit 3 bis 4 Portionen Milch à ca.150 ml/Tag gut versorgt.
- Erwachsene benötigen täglich etwa 2 bis 3 Portionen à 150 ml Milch.
- Schwangere und Stillende sollten 3 bis 4 Portionen à 150 ml Milch/ Tag zu sich nehmen.
- Senioren sind ebenfalls mit täglich 3 Portionen Milch gut versorgt.

Umrechnungsfaktor Milch – Milchprodukte

Selbstverständlich können statt Milch immer auch Joghurt oder Sauermilchprodukte konsumiert werden. Wird Käse stattdessen gegessen, dann muss man für 30 g Frischkäse (wie Topfen) oder für 15 g Schnittkäse eine Menge von 100 ml Milch rechnen. Wenige Scheiben Käse decken somit schon den Tagesbedarf an Milchprodukten.

BEISPIEL	Umrechnung Milch – Käse

100 ml Milch entsprechen 30 g Frischkäse oder 15 g Schnittkäse.

Das richtige Maß halten

Im letzten Jahrhundert änderten die Menschen im deutschsprachigen Raum – milchwirtschaftlichen Berichten und Ernährungsberichten zufolge – ihr Ernährungsverhalten grundlegend. Während des Zweiten Weltkrieges von 1939 bis 1945 war eine Unterversorgung an Nahrung gegeben. Von 1955 bis 1960 entwickelten die Menschen eine unbändige Essensfreude, ab 1970 folgte eine Schlankheitswelle, da Übergewicht in Europa ein schwerwiegendes Problem war und ist. Ab 1985 folgte dann eine Gourmetwelle, bei der das Hauptaugenmerk auf dem gefälligen Aussehen lag. Heutzutage dominieren Fastfood und globale Küche (Nudel-Box, Kebab und Pizzaschnitte).

Eine vielseitige, abwechslungsreiche Kost ist der Gesundheit am zuträglichsten.

Gleichzeitig bewirbt man von vielen Seiten eine ideale Ernährungsweise, die der Forderung nach gutem Geschmack, Schlankheit, Essensfreude und Ausgewogenheit der Nährstoffe Rechnung trägt. Eine gemischte, vielseitige, fettsparend und vitaminreich gekochte, abwechslungsreiche, gute Hausmannskost scheint für die meisten Menschen eine machbare Lösung darzustellen.

Man weiß heute, dass Mangelernährung und einseitige Diäten genauso wie ein Zuviel an Nahrung die Ursache für erhebliche Störungen im Körper sein können. Ein „Viel mehr als gebraucht wird", ist vor allem zunehmend bei Kindern – aber auch bei Erwachsenen – zu beobachten. Zu große Mengen an (eiweißreicher) Milch, fettreichem Käse, fettreicher Wurst, Süßigkeiten und süßen Getränken bilden bei Kindern die Hauptursachen für Übergewicht. Bewegungsmangel verstärkt zudem die unausgewogene Energiebilanz.

Cholesterin

Cholesterin ist eine lebenswichtige Substanz, die auch durch Eigensynthese im Körper selbst hergestellt wird. Wird viel fettreiche Nahrung aufgenommen, so wird mehr Cholesterin im Körper produziert. Doch auch die Nahrung selbst kann eine Quelle an Cholesterin sein. Ein Zuviel davon hat, neben dem Rauchen, einen der ungünstigsten Einflüsse auf Herz-Kreislauf-Krankheiten.

Milchfett (Butter, Rahm …) ist nur eine von vielen Cholesterinquellen. Denken Sie auch an Ei, fettes Fleisch, Hirn, Innereien etc. Pro Tag sollen Erwachsene – speziell Personen mit schlechten Blutfett- und Blutcholesterinwerten – maximal 300 mg Cholesterin mit der Nahrung aufnehmen.

Ein Gesamtcholesterinwert von über 200 mg/dl Blut gilt als leicht erhöht. Ab 260 mg Cholesterin/dl Blut ist die Nahrungsfett- und Cholesterinmenge einzuschränken und es sollten mehr Gemüse- und Fischgerichte sowie Vollkornprodukte gegessen werden.

Es gibt viele fettarme und fettreduzierte Milchprodukte, die den Konsum von Fett und Cholesterin einschränken helfen. Dazu zählen Magermilch, Magertopfen, Kochkäse, Quargel und andere mehr.

Neuere Studien zeigen auch, dass regelmäßiger Joghurtverzehr einen positiven Effekt auf das HDL-Cholesterin (das sogenannte „gute" Blutcholesterin) hat. In einer Studie stieg es um 38 %, während der Einfluss auf LDL-Cholesterin (auf das sogenannte „schlechte" Blutcholesterin) und auf das Gesamtcholesterin im Blut gleich blieb. Somit verändert sich das Verhältnis von LDL zu HDL durch Joghurt in positiver Weise, was einer Schutzwirkung für Herz-Kreislauf-Erkrankungen nahekommt.

> Cholesterin ist lebensnotwendig – zu viel davon schadet jedoch dem Herz-Kreislauf-System.

Milch als Schutznahrung

Milch ist nicht nur Grundnahrungsmittel, sondern auch Schutznahrung für den Menschen. Für Babys und gestillte Kleinkinder bietet Muttermilch den größtmöglichen Schutz vor Krankheiten und Allergien.

Im späteren Kleinkindalter sorgt Vollmilch nicht nur für eine gute, ausgewogene Ernährung, sondern auch für einen Schutz der Darmschleimhaut. Denn das Milchfett und die in der Milch enthaltenen fettlöslichen Vitamine schützen vor Darminfektionen. Etwa 500 ml Vollmilch täglich lässt Magen-Darm-Krankheiten sowie Magengeschwüre oft erst gar nicht entstehen.

Längere Zeit nahm man an, dass sogenannte konjugierte Linolsäuren (spezielle Fettsäuren, die im Pansen von Wiederkäuern entstehen) eine gewisse Schutzwirkung gegen Krebserkrankungen – insbesondere Darmkrebs – entfalten.

Andererseits könnte Milch unter bestimmten Umständen das Risiko von Prostatakrebs erhöhen. Doch die Studien dazu sind widersprüchlich und somit muss noch weiter geforscht werden, um klarere Aussagen dazu treffen zu können.

> Milchfett und in Milch enthaltene fettlösliche Vitamine schützen vor Darminfektionen.

Studien zeigen auch, dass eine Ernährungsweise, die auf ausreichend, aber nicht zu viel Milch aufbaut, mit einem verminderten Risiko für das sogenannte „metabolische Syndrom" einhergeht, welches sich aus vier Faktoren zusammensetzt und oftmals eine Vorstufe für Herz-Kreislauf-Erkrankungen und Diabetes ist. Für die Schutzwirkung dürften Kalzium und Magnesium sowie eine Reihe von Fettbestandteilen der Milch verantwortlich sein.

Die vier Faktoren des metabolischen Syndroms sind:

- Bauchbetontes Übergewicht
- Typisch veränderte Blutfettwerte
- Erhöhter Nüchtern-Blutzucker
- Erhöhter Blutdruck

Milch und Milchprodukte bilden in verschiedenen Diätformen einen wesentlichen Bestandteil. Sie sind in der Ernährung des Diabetikers und des Gichtkranken ebenso wie bei Leber-Galle-Diäten enthalten. Bei Mangelkrankheiten kann Milch helfen, den Körper wieder zu stabilisieren.

Für Raucher oder Chemiearbeiter ist es wichtig zu wissen, dass das Milchfett Prostaglandine enthält, die den Magen und den Darm vor giftigen Chemikalien schützen.

Milch hilft, Osteoporose vorzubeugen.

Milch gilt außerdem als wichtigste Schutznahrung vor Osteoporose (Knochenbrüchigkeit). Ein Baby kommt mit insgesamt etwa 30 g Kalzium im Körper – insbesondere in den Knochen – zur Welt und baut Kalzium und Phosphor aus seiner Nahrung weiterhin in die Knochen ein.

Im Alter von 30 Jahren weist der Mensch einen Gesamt-Kalziumgehalt von 1,0–1,5 kg in Knochen und Zähnen auf. Ab etwa dem 35. Lebensjahr wird das Kalzium aus den Knochen abgebaut.

Nach dem Wechsel (der Menopause) geht der Abbau bei Frauen bei zu geringer Kalziumzufuhr stärker und schneller vor sich als bei Männern gleichen Alters. Milch und Milchprodukte sind daher ein wichtiger Bestandteil der Ernährung von älteren Menschen, vor allem bei Seniorinnen, da sie den vorzeitigen Abbau des Kalziums aus den Knochen verzögern und damit die Knochenbrüchigkeit verringern.

Kalzium ist neben dem Knochen- und Zahnaufbau auch für die Blutgerinnung, die Aktivierung von Enzymen, die Reizleitung im Nervensystem und die Muskelkontraktion verantwortlich.

Damit Kalzium gut in den Körper aufgenommen werden kann, ist es wichtig, die fördernden und hemmenden Faktoren in der Nahrung zu kennen.

**Folgende Stoffe spielen bei der
Kalziumaufnahme eine fördernde Rolle:**

- Milchsäure (aus Sauermilchprodukten)
- Vitamin D (aus Milch, Fisch und durch Sonneneinstrahlung)
- Fruchtsäuren (aus Obst und Obstsaft)
- Milchzucker (aus der Süßmilch)

Folgende Stoffe hemmen die Aufnahme von Kalzium in den Körper:

- Oxalsäure (aus Rhabarber, Spinat, Kakaopulver)
- Phytinsäure (aus Weizenkleie und Frischkornbrei)
- Eisensupplemente
- Verschiedene Medikamente (Kortison, Diuretika)

Um den Knochenabbau im Alter zu vermindern, wählen Sie also besser Joghurt als Zwischenmahlzeit statt Kakao.

Alte Hausmittel mit Milch

Milch und Milchprodukte wurden über viele Hundert Jahre als Heilmittel für verschiedene Unpässlichkeiten, aber auch als Schönheitsmittel verwendet. Denken Sie zum Beispiel an das „Eselsmilchbad der altägyptischen Königin Kleopatra". Bereits damals wusste man eine besonders zarte Haut zu schätzen, obwohl sich nur Königinnen und Priesterinnen solch ein Bad in Milch leisten konnten.

Was heilte, war richtig! Wer heilte, hatte Recht! Es bleibt jedoch stets die Aufforderung an die Leserin und den Leser, **bei schweren Krankheiten unbedingt einen Arzt zu Rate zu ziehen**, auch wenn Sie viele alte Hausmittel und Alternativmethoden kennen. Die Hausmittel und gegebenenfalls eine Umstellung der Ernährung können den Heilprozess jedoch unterstützen, beschleunigen und somit dazu beitragen, die Gesundheit früher und möglicherweise auch nachhaltiger wiederzuerlangen.

Bei Eigenversuchen ist der eigene Körper jedenfalls genauestens auf Änderungen des Befindens zu beobachten, da schon geringe Veränderungen Hinweise auf verbessernde oder verschlechternde Einflüsse geben können! In diesem Kapitel wird viel altes Erfahrungsgut über die Milch gesammelt. Vielfach werden in der heutigen Zeit alte Wissensschätze neu entdeckt und in Büchern und Kursen ausführlich behandelt.

Hausmittel und eine Umstellung der Ernährung können einen Heilprozess unterstützen.

Im Folgenden sind alle von uns auffindbaren Hausmittel mit Milch zusammengetragen:

- Bei **Blähungen** trinke man (außer bei Milchzucker-Unverträglichkeit) regelmäßig ein Glas warme Milch, die mit ½ TL Fenchel oder Kümmel gekocht wurde.

- Bei **Brustentzündungen** mache man Umschläge mit in Milch gekochten Fenchelblättern. Auch ein Topfenwickel (siehe Hausmittel Kapitel „Topfen") ist empfehlenswert.

Bei Brustentzündungen macht man Milch- oder Topfenumschläge.

- Menschen, die ständig mit **Chemikalien** (z. B. Spritzmitteln) arbeiten, werden vom Arzt häufig 2 l fettreiche Milch pro Tag verordnet. Das Milchfett bindet die Chemikalien, die bei dieser Arbeit über die Lunge in den Körper gelangen können. Sie werden dann im Körperfett teilweise gespeichert. Der hohe Energiegehalt des Milchfettes ist zu beachten. Außerdem können sich bei einer Gewichtsabnahme die gespeicherten Chemikalien lösen und im Körper sprunghaft ansteigen.

- Zur Verringerung eines **überhöhten Cholesterinspiegels** im Blut empfiehlt es sich, Magermilch zu trinken. Diese enthält jedoch auch weniger Vitamin D, das mithilft, Kalzium in den Knochen einzubauen. Aufenthalt im Freien – auch im Schatten – unterstützt Ihren Körper bei der eigenen Vitamin-D-Produktion.

- Bei **Dickdarmkrebs** sollen Magermilch oder Joghurt mit Acidophilus-Bakterien, aber auch magere Schaf- oder Ziegenmilch den Heilprozess unterstützen.

- Für **brüchige Haare und Nägel** kann neben Silizium-Mangel (Kieselsäure) auch ein Zinkmangel verantwortlich sein, deshalb sollten vermehrt Milch und Milchprodukte als Zwischenmahlzeit konsumiert werden. Von einer gleichzeitigen Aufnahme von Getreideprodukten ist abzusehen, da das Zink dann nicht optimal vom Körper aufgenommen werden kann.

- Häufige **Entzündungen** und **Hautreizungen** – sofern nicht durch eine Milchallergie ausgelöst – können durch einen Mangel an Vitamin B$_2$ (Riboflavin) entstehen. In Milch ist dieses Vitamin reichlich enthalten.

- Der Saft von Roten Rüben schützt in der Übergangszeit vor **Erkältungen**. Er lässt sich gut mit Milch, Zitronen- oder Apfelsaft kombinieren. Von einer dieser Mischungen trinke man täglich ein Glas.

- Bei **vereitertem Finger-** oder **Zehennagelbett** werden folgendem Bad gute Heilkräfte nachgesagt: Man mache frische Milch vom Bauern möglichst warm und bade die entzündete Stelle darin zehn Minuten lang. Auch hilft es, wenn man den Finger bzw. die Zehen in einem kühlen Kamillentee mindestens zehn Minuten lang badet.

Bei Heiserkeit hilft Honigmilch.

- Bei **Heiserkeit** sollte man schluckweise 500 ml heiße Honigmilch – für Erwachsene eventuell mit etwas Weinbrand – trinken. Für Kinder den Weinbrand weglassen!

- Bei **Halsschmerzen** wird ein mit kalter oder mit heißer Milch getränktes Tuch über Holunderblüten empfohlen.
- **Husten** spricht in leichteren Fällen auf Honigmilch sehr gut an. Dazu wird ein Esslöffel Honig, Fenchelhonig oder Spitzwegerich-Sirup in einer Tasse heißer Milch aufgelöst. Je eine Tasse dieses Getränks sollte morgens und abends – so heiß wie möglich – getrunken werden. Bei starkem Husten schaffe vorübergehend ein Teelöffel gezuckerter Kondensmilch rasche Linderung. Ein Arztbesuch ist aber ratsam!
- Ein weiterer Tipp gegen **Husten**: In eine Tasse kochend heiße Milch einen Schuss Sodawasser oder kohlensäurehaltiges Mineralwasser geben und diese Mischung so heiß wie möglich trinken. Das Sodawasser verhindert das Verschleimen der Bronchien. Dieses Getränk, mehrmals am Tag zu sich genommen, soll Husten lindern oder heilen können.
- **Kopfschmerzen** sollen abklingen, wenn man eine Tasse Milch mit einem Stamperl (Gläschen) Schnaps oder Rum trinkt. Bei Kindern ist davon jedoch abzuraten!
- Gegen **Mitesser** sollte der gleiche Trunk wirken.
- **Fußschweiß** kann vermindert werden, wenn man häufig Milch und Milchprodukte sowie Gemüse und Obst isst.
- **Raucher** und Menschen mit chronischer **Bronchitis** sollten täglich Vollmilch trinken, da das Milchfett Nikotin bindet und Vitamin A – auch seine Vorstufen – bei rauchenden Menschen vermehrt verbraucht wird.

Raucher sollten täglich Vollmilch trinken.

- Gegen **Rheumatismus** und **Ischias-Schmerzen** könne eine Milchkur hilfreich sein. Man trinke 14 Tage hintereinander morgens vor dem Frühstück 500 ml warme Milch. Die Kur solle nach zwei bis drei Wochen Pause wiederholt werden (siehe auch unter Molke).
- Bei **Schlaflosigkeit** erweist sich ein Glas heißer Milch mit Honig vor dem Schlafengehen als wirkungsvoll. Dies ist wesentlich gesünder als Schlaftabletten und schmeckt auch besser. Probieren Sie es aus!
- Auch gegen **Sodbrennen** kann Milch eingesetzt werden: Dabei solle man schluckweise eine Tasse Milch trinken oder ein mildes Joghurt zu sich nehmen.
- Bei **Magenerkrankungen** scheint homogenisierte Milch bekömmlicher zu sein als unbehandelte.

VORSICHT | **Keine Milch bei Fieber**

- Bei Fieber sollte keine Milch genossen werden!
- Auch nach dem Genuss von Mangos sollen zwei Stunden lang weder Milch noch Alkohol getrunken werden.
- Kombinationen von Milch und Milchprodukten mit Fisch und Meeresfrüchten wird ebenfalls geringe Verträglichkeit nachgesagt.

Hausmittel mit Schafmilch

Man sagt der Schafmilch schon lange eine gewisse Heilwirkung nach. Besonders die Milchschafhalter schwören darauf und können von großen Heilerfolgen bei ihren Kunden berichten. Der gute, durch Schafmilch hervorgerufene Heilungsprozess ist auf die Zusammensetzung des Fettes, der Eiweißbausteine, auf den erhöhten Molkeneiweißanteil, die Mineralstoffe und die Vitamine zurückzuführen (siehe „Inhaltsstoffe der Milch im Vergleich").

Obwohl es keine allgemeine wissenschaftliche Bestätigung gibt, sind viele Ärzte davon überzeugt, dass Schafmilch die Therapie wesentlich unterstützen kann. Empfohlen werden 250 bis 500 ml Schafmilch pro Tag in Form von Süßmilch, Joghurt, Molke oder Käse. Die Schafmilch kann bei folgenden Krankheitsbildern eventuell als Alternative zu Kuhmilch eingesetzt werden:

- **Blässe und Schwäche** bei Kindern soll schnell gebessert werden, wenn man dem Kind täglich 250 ml Schafmilch gibt.
- Leichte **Depressionen** sollen durch den Genuss von Schafmilch und ihre Produkte vergehen.
- **Lebererkrankungen** sollen mithilfe von Schafmilch ausgeheilt werden können.
- Bei und nach einer **Lungenentzündung** wirkt Schafmilch rasch regenerierend.
- **Magen-Darm-Erkrankungen** werden durch das Schafmilchfett verbessert.
- Allgemeine **Müdigkeit** wird durch Schafmilch bald verschwinden.
- **Neurodermitis** kann unter Umständen auf eine Kuhmilchallergie zurückzuführen sein. In manchen Fällen hat Schafmilch geholfen.
- In vielen kosmetischen Produkten wird Schafmilch bzw. das Wollfett Lanolin eingesetzt, um die **Haut** zu pflegen (z. B. Fa. AINA, www.aina.at).
- Schließlich dient Schafmilch auch als unterstützende Nahrung bei der **Krebsbehandlung**. Schafe selbst seien krebsresistent, bestätigen Schafbauern.

VORSICHT | Schafmilch ist kein Ersatz für Therapien!

Die Umstellung von Kuh- auf Schafmilch sollte bei schweren und chronischen Krankheiten mit dem Arzt besprochen werden. Schafmilch ersetzt die Medikamente nicht. Selbst wenn die Schafmilch auf den Heilungsprozess eine günstige Wirkung hat, indem sie diesen unterstützt und in vielen Fällen dessen Dauer verkürzt, so darf nicht übersehen werden, dass sie kein Ersatz für ärztliche Medikation ist.

Hausmittel mit Ziegenmilch

Ziegenmilch gilt seit vielen Jahren als Heilmilch. Bereits die heilige Hildegard von Bingen hat bei vielen Krankheiten darauf hingewiesen, dass Ziegenmilch diese ausheilen könne, wie z. B. Blässe und zur damaligen Zeit auch TBC und Schwindsucht.

- Ziegenmilch bildet eine wertvolle Alternative zu Kuhmilch bei **Neurodermitis** und Unverträglichkeit von Kuhmilcheiweiß. Doch auch hier gilt, dass sie nur nach Absprache mit dem Arzt verwendet werden sollte, da bestimmte Eiweißbausteine (Caseine) in allen Milchsorten so ähnlich sind, sodass einige Kuhmilchallergiker auch auf Ziegen- oder Schafmilch empfindlich reagieren.

- Ziegenmolke wird als **Kurmolke** in den Kurbädern verwendet. 1–3 Liter Molke – am Tag getrunken – und 1 Liter Molke im Badewasser lassen angeblich **überschüssige Kilos** in wenigen Wochen verschwinden. Molke-Kurhäuser haben ursprünglich nur Ziegenmolke verwendet. Nachdem Molke-Kurbäder viele Jahre lang nicht angeboten wurden, wird Molke nun wieder zunehmend geschätzt und auch wieder in Kuranstalten eingesetzt.

- Ziegenbutter wird als **Diätbutter** und als Hautcremebasis in der Naturkosmetik eingesetzt. Ob man Schaf- oder Ziegenmilch für besser hält, bleibt jedem selbst überlassen.

- Bei **Asthma** soll 1 Liter Ziegenmilch täglich helfen.

- Man sagt der Ziegenmilch nach, dass ihr bei der **Krebsvorbeugung** und **-heilung** eine wichtige Rolle zukommt.

- 1 Liter Ziegenmilch täglich wird auch empfohlen bei und nach einer **Lungenentzündung**.

- Bei **schmerzenden Gelenken** und **Rheuma** solle man die Gelenke mit Ziegenbutter einreiben. Zusätzlich trinke man täglich 500 ml Ziegenmilch.

- Eine günstige Heilwirkung wurde der Ziegenmilch auch bei **TBC** und **Rachitis** zugeschrieben.

- **Venenentzündungen** heilt oder lindert man in Kuranstalten mit aus Ziegenmilch hergestellten Topfenwickeln und Molkebädern (siehe auch unter „Molke").

Hausmittel aus Stutenmilch

- Stutenmilch gilt als Heilmilch und wird bei **Lungenschwäche** eingesetzt.

- Sie wird manchmal bei **Unverträglichkeit von Kuhmilcheiweiß** verwendet.

- Darüber hinaus dient sie in der **Naturkosmetik** als Basis für Salben und Körperpflegemittel.

Schon Hildegard von Bingen setzte die Ziegenmilch zur Heilung ein.

In Kuranstalten werden wieder vermehrt Ziegenmilchprodukte verwendet.

Rezepte

Die Kochrezepte sind meist für zwei oder vier Personen angegeben. Manchmal – beispielsweise bei Rezepten für Resteverwertung – wurden keine Mengenangaben gemacht, da sich die Portionen nach den vorhandenen Resten richten oder danach, was der Kühlschrank etwa gerade hergibt.

An dieser Stelle möchte ich Ihnen Mut machen zum eigenen Experimentieren. Wandeln Sie die nachfolgenden Rezepte ab, probieren Sie Neues aus, gewinnen Sie neue Erkenntnisse und schaffen Sie Ihr eigenes, unübertreffliches Rezept! Sie können für Ihre Speise einen Fantasienamen wählen. Wenn dann einmal etwas anders schmeckt als bekannt, so durchbrechen Sie damit Gewohnheiten auf eine sicherlich interessante Weise. Viel Freude beim Kochen mit Milch!

Frühstück

FRÜHSTÜCKSMÜSLI (für 2 Personen)

4 EL Vollkornflocken
je 1 Apfel, Banane
und Orange
2–4 TL Sonnen-
blumenkerne
2 TL Kürbiskerne
1–2 TL Leinsamen
½ Zitrone
2–4 TL Honig

Vollkornflocken ½ Stunde lang in etwas Milch einweichen. Einen Apfel raspeln, eine Banane klein und eine Orange in Stücke schneiden. Sonnenblumenkerne, Kürbiskerne, Leinsamen, etwas Zitronensaft mit Honig gut mischen und die bereits weich gewordenen Getreideflocken unterrühren. Nun nach Geschmack Milch oder Joghurt hinzufügen und gut verrühren.

Variante

Zur Beerenzeit können frische Beeren nach Saison verwendet werden. Im Winter können auch eingefrorene Beeren – kurz erwärmt – untergemischt werden.

KNÄCKEBROT-MÜSLI (für 2 Personen)

4 Scheiben (Voll-
korn-)Knäckebrot
250 ml Milch
10 Erdbeeren
1 Banane

Für alle, die keine Zeit zum Einweichen des Getreides haben, ist ein Knäckebrot-Müsli (ohne Getreideflocken, sonst zubereitet wie das Frühstücksmüsli) mit Obst der Saison ein erfrischendes vitaminhaltiges Frühstück. Es ist einfach und rasch auch von Kindern zuzubereiten. Das Knäckebrot-Müsli ist ein guter und fantasievoller „Notnagel", wenn plötzlich am Wochenende nur mehr der „Trockenbrotvorrat" zur Verfügung steht.

Zerteilen Sie je zwei Knäckebrote in kleine Bruchstücke. Etwas Milch in die Schüsseln geben und die Knäckebrot-Stückchen dazugeben. Sie können statt der Milch auch Topfen mit Mineralwasser verrühren oder Joghurt verwenden.

Erdbeeren waschen, putzen und vierteln, eine Banane in Scheiben schneiden und alle Zutaten miteinander vermengen.

Das schnelle Müsli mit Knäckebrot (links) und Milch-Mixgetränk (rechts)

Je nach Saison können Sie die Obstsorten variieren (z. B. Pfirsich und Marille im Sommer, Apfel oder Birne im Herbst).
Quelle: „Pfiffige Rezepte für kleine und große Leute", www.hanreich-verlag.at)

GABELFRÜHSTÜCK, EINE GUTE SCHULJAUSE

Graham- oder Vollkornweckerl mit Emmentaler, Paprikastreifen oder einer kleinen Tomate sowie einer Scheibe frischer Gurke und einem Salatblatt füllen. Dazu werden als Ergänzung 250 ml Milch oder Kakao gereicht.

1 Graham- oder Vollkornweckerl
30 g Emmentaler
Paprikastreifen
1 kleine Tomate
1 frische Gurkenscheibe
1 Salatblatt
250 ml Milch o. Kakao

TIPP	Gesunde Schuljause

Eine gute Schuljause besteht aus einem Milchprodukt, einem Getränk, einem Brot oder Getreideprodukt sowie Obst oder Gemüse.

Getränke

MILCH-MIXGETRÄNK (für 3–4 Gläser)

Geben Sie 500 ml Milch in den Mixer. Dann 2 Bananen, etwas zerteilt, hinzufügen und das ganze etwa 3 Minuten mixen. Servieren Sie das Getränk in hohen Gläsern mit Strohhalmen.

Variante

Statt Bananen können ebenso Erdbeeren, weiche, abgeschälte Pfirsiche oder Marillen, Heidelbeeren bzw. 2–4 EL Marmelade verwendet werden. Zucker ist meist nicht notwendig. Mit Kakao oder Kokosflocken kann der Geschmack ebenfalls variiert werden.

ERDBEER-KIWI-MIXGETRÄNK (für 3–4 Gläser)

500 ml Milch
250 g Erdbeeren
2–4 EL Zucker
4 Kugeln Vanilleeis
Kiwistückchen
Kiwi und Schlagobers
zum Garnieren

Milch wird mit Erdbeeren und Zucker schaumig gemixt. Kiwistückchen werden mit einer Vanilleeiskugel in ein weites Glas gegeben, mit dem Getränk übergossen und mit Kiwi und Schlagobers verziert.

ERDBEER-FLIP (für 4 Gläser)

400 g frische Erdbeeren
Staubzucker nach
Geschmack
250 ml Joghurt
250 ml Milch
1 Pkg. Vanillezucker
2 Limetten
2 Eiswürfel
Limettenscheiben
zum Garnieren

Erdbeeren gründlich waschen und die Blätter abzupfen, mit Staubzucker nach Geschmack süßen und einmal aufkochen lassen. Danach durch ein feines Sieb streichen und vollständig erkalten lassen. Joghurt mit Milch und Vanillezucker verrühren. Limetten auspressen.

Vier geeignete Gläser vorkühlen. Erdbeermark mit Joghurt-Milchgemisch und Limettensaft im Mixer pürieren, Eiswürfel beifügen und nochmals gut durchmixen. Den Erdbeer-Flip sogleich in die vorgekühlten Gläser füllen und vor dem Servieren mit Limettenscheiben dekorieren.

HIMBEER-MIXGETRÄNK MIT ZUCKERRAND (für 3–4 Gläser)

500 ml Milch
250 g Himbeeren oder
60 ml Himbeersaft
etwas Zucker
Zitronensaft
von ½ Zitrone

Alle Zutaten werden in einem Mixer gemixt. Die Milch flockt anfangs aus, daher muss gut gemixt werden.

Für den Zuckerrand wird das Glas verkehrt kurz in einen tiefen Teller etwa 1–3 mm tief in Zitronensaft getaucht und noch verkehrt gehalten, bis kein Saft mehr heruntertropft. Dann wird das Glas in Kristallzucker, der eventuell mit etwas Himbeersaft gefärbt wurde, getaucht und einige Minuten stehen gelassen, bis der Zucker getrocknet ist. Erst dann vorsichtig das Glas mit dem Mixgetränk füllen und servieren.

Erdbeer-Flip (links) und Himbeer-Mixgetränk (rechts)

AUFBAUGETRÄNK (für 2 Gläser)

Milch wird mit Honig und Karotten- oder Rote-Rüben-Saft gut gemixt. Eventuell noch Traubenzucker und Schlagobers hinzufügen.

250 ml Milch
2 TL Honig
125 ml Karotten- oder Rote-Rüben-Saft
125 ml Schlagobers

Variante

Anstelle von Karotten- kann auch Tomatensaft verwendet werden. Dann wird allerdings kein Honig, sondern Salz und Pfeffer beigegeben.

STÄRKETRANK

Banane zerteilen und mit allen anderen Zutaten verquirlen oder mixen und in einem Glas servieren.

½ Banane
250 ml kalte Milch
1 Messerspitze Kakao
1 TL Kokosflocken

Süßes

GRIESSBREI

500 ml Milch werden mit etwas Zucker aufgekocht und Grieß (Menge je nach gewünschter Dicke) wird unter ständigem Rühren langsam dazugegeben. Noch ein wenig aufwallen und bei niederer Wärme eindicken lassen. Umrühren nicht vergessen!

Dieses beliebte Abendessen für Kinder und ältere Menschen kann mit Himbeersaft, Kakaopulver oder Schokoladestreuseln serviert werden.

MILCHREIS

½ Tasse Reis pro Person
1 Tasse Milch
Himbeersaft oder
Schokoladestreusel

Reis wird in der doppelten Menge Milch erwärmt und vorsichtig zum Kochen gebracht. Dann wird der Milchreis zugedeckt und auf der warmen Kochplatte so lange warm gehalten, bis er fertig gekocht ist. Vor dem Servieren gießt man Himbeersaft oder Schokoladestreusel auf den fertigen Milchreis.

Variante

Im Winter ist folgende wärmespendende Variation empfohlen. Der Milchreis wird mit etwas abgeriebener Bio-Orangenschale und Zimt gekocht und ein fingernagelgroßes Stück fein geschnittener Ingwer dazugegeben.

ÜBERBACKENER MILCHREIS
(als Dessert für 4 Personen, als Hauptmahlzeit für 2 Personen)

200 g Reis
(1 große Tasse)
400 ml Wasser
etwas Salz
125 ml Milch
1 Ei
Zucker und Zimt
Apfelkompott

Der Reis wird mit der doppelten Menge Wasser und etwas Salz gekocht. Milch und Ei werden verquirlt und mit dem Reis gemischt. Die Masse wird in eine Backform gegeben und mit etwas Zucker bestreut. Anschließend wird diese Masse bei 180 °C etwa 30 Minuten goldbraun gebacken. Vor dem Servieren wird der überbackene Milchreis mit Zimt und Zucker bestreut. Dazu passt Apfelkompott.

Variante

Sie können auch vor dem Backen Apfelspalten oder entkernte Kirschen in die Reismasse einlegen.

VANILLESAUCE

2 Dotter
1 EL Maisstärke
80 g Zucker
Vanillezucker
250 ml Milch

Rühren Sie Dotter (Eigelb) mit Maisstärke, Zucker, Vanillezucker und ein wenig kalter Milch gut glatt. Dann geben Sie diese Mischung langsam zur aufgekochten, kurz vom Herd genommenen Milch. Schlagen Sie die Masse noch etwas über dem Wasserbad bzw. -dampf dick. Zum Schluss können für Erwachsene noch in Rum eingeweichte Rosinen eingerührt werden. Diese Sauce passt hervorragend zu Buchteln oder Dampfnudeln.

Pikantes

KARTOFFELPÜREE

500 g große Kartoffeln
Salz
250 ml Milch
1–2 TL Butter

Kartoffeln kochen, schälen, durch die Kartoffelpresse drücken oder zerstampfen und salzen. Milch stark erhitzen und die gepressten Kartoffeln einrühren. Zum Schluss Butter unterrühren und das Kartoffelpüree gleich servieren. Als Geschmacksbereicherung kann man etwas geriebene Muskatnuss einrühren.

TIROLER KNÖDEL (für 3 Personen)

Milch, Eier sowie Salz versprudeln und über das trockene Knödelbrot gießen. Die Selchfleisch- oder Speckwürfel und die geschnittenen Zwiebeln in der Pfanne in Öl kurz anrösten – bzw. „glasig" werden lassen – und mit dem Knödelbrot mischen. Gehackte Petersilie und Mehl darüberstreuen und einmischen. Mit feuchten Händen Knödel formen und in gesalzenem Wasser 12 bis 15 Minuten langsam kochen lassen.

125 ml Milch
2 Eier
Salz
3 Tassen Knödelbrot (Semmelwürfel)
1 Tasse Selchfleisch- oder Speckwürfel
Zwiebel
Öl
3 EL gehackte Petersilie
6 EL Mehl

TIPP	Probierknödel

Einen Probierknödel vorkochen. Zerfällt er, etwas Mehl dazugeben. Ist er zu hart, noch 1 Ei dazugeben.

Aufläufe

Aufläufe eignen sich sehr gut für Resteverwertungen. Aber sie werden auch oft speziell und frisch zubereitet. Als Grundfülle werden gekochter Reis, gekochte Nudeln oder Kartoffeln verwendet. Mit den Zutaten und Gewürzen kann sich eine abwechslungsreiche Vielfalt ergeben. Der eigenen Kreativität sind keine Grenzen gesetzt.

Die Auflaufform wird mit Butter befettet und mit Bröseln rundum bedeckt. Dann kommt eine Lage Reis, Kartoffeln oder Nudeln hinein. Die restlichen Zutaten, wie Wurststückchen, Speck, Gemüse bzw. Fleischreste, werden darübergestreut und wieder mit einer Lage Reis, Kartoffeln oder Nudeln bedeckt. Nun wird nachfolgende Béchamel-Sauce deckend darübergegossen und der Auflauf vor dem Backen eventuell noch mit Käse belegt bzw. bestreut.

BÉCHAMEL-SAUCE FÜR AUFLÄUFE

1 EL Butter
1 EL Mehl
375 ml Milch
Salz, Pfeffer
1–3 Dotter
100 g Parmesan
oder Hartkäse

Butter im Topf zergehen lassen und Mehl einrühren. Alles glatt rühren und unter ständigem Rühren vorsichtig erhitzen. Es darf nicht braun werden.

Den Topf vom Herd nehmen und die kalte Milch langsam einrühren. Salzen, eventuell pfeffern und wieder auf den Herd stellen und unter ständigem Rühren zum Kochen bringen.

Wenn die Masse kocht und eingedickt ist, wieder vom Herd nehmen und überkühlen lassen. Die Dotter einzeln einrühren und dann den geriebenen Käse unterziehen.

Über den vorbereiteten Auflauf gießen, mit Butterflocken bestreuen und im Ofen bei 180 bis 200 °C goldgelb backen.

Joghurt

Allgemeines

Joghurt ist ein Sauermilchprodukt, das in den vergangenen 50 Jahren nach und nach die ursprüngliche Sauermilch verdrängt hat. Joghurt kommt aus südlichen Ländern, wie Arabien, Syrien, Türkei oder Griechenland, und wurde dort aus gekochter Milch – in Griechenland vorwiegend aus Schafmilch – hergestellt. In der Türkei gibt es sogar ein Sprichwort über Milch und Joghurt: „Wer sich einmal mit heißer Milch verbrannt hat, pustet sogar auf Joghurt."

In Mitteleuropa gibt es heutzutage in den Regalen der Lebensmittelläden und Supermärkte eine Vielzahl an verschiedensten Joghurtarten und -mischungen: Naturjoghurt unterschiedlicher Fettgehalte, Joghurt mit Zucker, Früchten, Marmelade, Getreidebestandteilen, Kaffee, Gewürzen oder Aromen bzw. Joghurt mit speziellen Bakterien.

Joghurt und Joghurtcremen tragen häufig Fantasienamen oder Firmennamen. Diese Produkte sind oft mit Bindemitteln, Gelatine, Milchpulver, Molkeneiweiß, künstlichen Aromen oder Zusatzstoffen, wenn auch manchmal in geringsten Mengen, versetzt. Die Vielfalt des Angebotes verwirrt einerseits den Kunden, andererseits zeigt sie gut, was man aus dem Ausgangsprodukt Naturjoghurt alles selbst machen kann. Man kann Naturjoghurt selbst herstellen – und das zu Hause ohne Zusatzstoffe und Aromen. Oder man könnte Naturjoghurt direkt beim Bauern am Bauernmarkt kaufen. Das ist meist günstiger und schützt vor unerwünschten Zusatzstoffen.

Bei der Erzeugung von Joghurt wird durch verschiedene Milchsäurekulturen die fermentative Umwandlung von Milchzucker zu Milchsäure bewirkt. Diese **Fermentierung** hat nicht nur geschmackliche Vorzüge. Joghurt bietet in allen Lebensabschnitten viele **Vorteile**:

■ Nach dem ersten Geburtstag sorgt Joghurt für ausreichend Kalzium für das Knochenwachstum und ist leicht verdaulich – speziell das Eiweiß der Milch wird durch die Milchsäure gefällt und kann besser im Darm aufgespalten werden.
Allerdings ist darauf zu achten, dass Sie Ihrem Kind nicht zu viel Joghurt auf einmal (maximal 100 ml statt 100 ml Milch) und nur mildes Joghurt (möglichst Naturjoghurt) geben. Oder Sie wählen Joghurt mit frischen Früchten bzw. Fruchtmus (ohne Zucker, Aromen und Zusatzstoffen).

■ Für Kinder, junge und erwachsene Menschen ist Joghurt eine ideale Zwischenmahlzeit und bietet durch die unterschiedlichsten, selbst gemischten Geschmacksvariationen und die vielen Rezeptvarianten eine einfache Möglichkeit, einen interessanten Speiseplan zu gestalten.

■ Ältere Menschen vertragen Joghurt meist besser als Milch. Sie sollen es in ihren täglichen Essensplan – vor allem wegen der Kalziumversorgung, die durch die enthaltene Milchsäure verbessert wird – einbauen.

■ Joghurt ist für ältere Menschen auch deshalb ein wichtiger Nahrungsbestandteil, weil bei Laktoseintoleranz ausreichend fermentiertes Joghurt meist gut vertragen werden kann. Denn der Milchzuckeranteil ist dann gering.

■ Das Immunsystem wird durch Joghurt besonders stimuliert. Denn Milchsäurebakterien kommen auch von Natur aus in unserer Darmflora vor und hemmen im Darm durch das saure Milieu das Wachstum von Krankheitskeimen und schädlichen Bakterien.

■ Die Darmflora wird, wenn zu wenige Milchsäurebakterien darin vorkommen, durch Joghurt regeneriert. Nach Verabreichen von Antibiotika ist die Darmflora meist schwer geschädigt. Dann sollen über mindestens drei bis sechs Wochen täglich 150 g Joghurt verzehrt werden!

■ Durchfallerkrankungen wird mit Joghurt vorgebeugt. Die Milchsäure wirkt der Verbreitung von Fäulnisbakterien im Darm entgegen und die Darmflora verbessert sich.

VORSICHT | **Kein Joghurt für Babys**

Für Babys ist Joghurt jedoch nur begrenzt geeignet. Sofern das Kind im ersten Lebensjahr ausschließlich Muttermilch als Milchnahrung erhält, sind Milch und Milchprodukte (auch Joghurt) nicht notwendig. Sie dürfen auch nur in sehr geringen Mengen als Bestandteil des Milchbreis im Speiseplan vorkommen.

Muttermilch ist die ideale Milchnahrung für Babys im 1. Lebensjahr und darüber hinaus.

Babys bauen ihre Darmflora durch Muttermilch auf, die spezielle Keime bevorzugt und ihr Wachstum fördert. Die Darmflora des Kindes wird durch eine vaginale Geburt praktisch „geimpft". Das Neugeborene wird mit den wichtigen Keimen der Vagina überzogen, welche sich dann in seinem Darm ansiedeln und durch Muttermilch „gefüttert" werden.

Jede Säuglingsmilchnahrung, auch solche, die mit speziellen Keimen angereichert ist, verschiebt das natürliche Verhältnis der Darmbakterien. Kuhmilch und Milchprodukte dürfen daher – nach neuesten Empfehlungen – frühestens nach sechs Monaten und nur in kleinen Mengen (maximal 100 g/Tag) angeboten werden.

Milch und Milchprodukte sollten frühestens mit sechs Monaten gegeben werden.

Joghurt im Handel

Das im Handel erhältliche Joghurt kann man einteilen nach seiner Konsistenz, nach seinem Fettgehalt, nach seinen Zusätzen, nach der Eigenschaft der Milchsäure oder nach seinen Säurekulturen.

Nach seiner **Konsistenz** teilt man Joghurt ein in:
stichfest, gerührt und **trinkfähig**

Aufgrund seines hohen Eiweißgehaltes ist Schafmilchjoghurt in der Regel stichfest. Die Stichfestigkeit wird bei anderen Milchsorten meistens durch die Zugabe von Milcheiweiß erzeugt. Die Bezeichnung des Joghurts deutet auch auf seinen **Fettgehalt** hin.

Folgende Einteilung kann getroffen werden:
- Magermilchjoghurt – maximal 0,3 % Fett
- Fastenjoghurt – 0,4 %
- Fettarmes Joghurt – 1,0–1,8 % Fett
- Joghurt mild – 3,6 % Fett
- Sahnejoghurt – 10 % Fett

In den letzten Jahren wird auch vermehrt Schafmilchjoghurt im Handel angeboten.

Joghurt kann eine **Vielzahl von Zusätzen** haben. In verschiedenen Ländern findet man ganz unterschiedliche Produkte. Meistens werden Früchte oder Marmelade zugesetzt. Aber auch Getreideflocken, Trockenfrüchte, Nüsse, Schokolade, Kaffee, Zimt und andere Gewürze sind bei uns gebräuchlich. Die Zutaten variieren von Land zu Land.

Nach der **Eigenschaft der Milchsäure** wird Joghurt in „rechtsdrehendes" und „linksdrehendes" Joghurt eingeteilt. Dabei handelt es sich um ein rein physikalisches Phänomen. Untersuchungen über linksdrehende und rechtsdrehende Milchsäuren haben ergeben, dass die mit

Eine Vielzahl an Spezialjoghurts wird im Regal angeboten.

der Nahrung zugeführte rechtsdrehende Milchsäure L(+)-Milchsäure vom menschlichen Körper besser aufgenommen und rascher verarbeitet werden kann. Rechtsdrehende Milchsäure ist ein Zwischenprodukt des menschlichen Stoffwechsels. Sie entsteht auch im aktiven Muskel, ein Zuviel führt zum sogenannten „Muskelkater". Daher gelten Joghurtarten mit vorwiegend rechtsdrehender Milchsäure als gesünder als das übliche Kuhmilch-Joghurt, das jeweils zur Hälfte rechtsdrehende und linksdrehende Milchsäuren enthält.

Rechtsdrehende Milch-
säure wird vom Körper
besser aufgenommen als
linksdrehende.

- **„Rechtsdrehendes" Joghurt:** Im Handel wird auch Joghurt mit vorwiegend rechtsdrehender L(+)-Milchsäure angeboten. Durch die verwendeten Mikroorganismen wird die Art der Säuerung bestimmt. Für den bäuerlichen Joghurthersteller gibt es die rechtsdrehende Milchsäurekultur in einigen Reform- oder Bio-Läden oder direkt in dem entsprechenden Labor zu kaufen.
- **„Linksdrehendes" Joghurt:** Linksdrehende Milchsäure, D(–)-Milchsäure, wird vom Körper verzögert verwertet. Für Gesunde stellt das kein Problem dar, bei Dünndarmoperierten kann jedoch eine Übersäuerung des Blutes daraus resultieren. Für empfindliche Personen soll in Joghurt das Verhältnis 90 % „rechtsdrehender" Milchsäure zu 10 % „linksdrehender" Milchsäure optimal für den Darm und die Verdauung sein.
  Ist eine übermäßige Anreicherung von linksdrehender Milchsäure im Blut vorhanden, so spricht man von D-Lactazidose. Diese belastet den Stoffwechsel von frisch Operierten und Personen mit Kreislaufinsuffizienz, Diabetes und Gicht. Weiters soll die Auskristallisation von Nierensteinen begünstigt sein.

Nach der **Art der zugesetzten Joghurt-Kulturen** kann man im Handel „Natur-Joghurt", „Acidophilus-Joghurt", „Bifidus-Joghurt" und „probiotisches Joghurt" finden.

- **„Joghurt natur"** wird mit mesophilen (*Lactobacillus bulgaricus*) und thermophilen (*Staphylococcus thermophylus*) Milchsäurebakterien hergestellt. Dies sind Bakterien, die sich bei Temperaturen zwischen 35 und 45 °C vermehren. Es ist leicht säuerlich und entwickelt gegen Ende der Haltbarkeit einen leicht bitteren Geschmack. Der Fettgehalt liegt bei Kuhmilch-Joghurt je nach Ausgangsmilch bei 1,0–3,6 %. Schafmilch-Joghurt enthält etwa 5,0 % Fettanteil und Ziegenjoghurt circa 3 %.
- **„Joghurt mild"** wird unter Einsatz von *Lactobacillus acidophilus* bzw. *Bifidobacterium bifidum*, einem probiotischen Bakterium, hergestellt. Es ist milder, aromatischer und nicht so säuerlich. Am Ende der Lagerfähigkeit wird es auch nicht bitter.

- **„Probiotisches Joghurt"** wird in Molkereien mit ganz speziellen Bakterienstämmen hergestellt, beispielsweise mit *Lactobacillus casei*. Probiotische Bakterien werden aus dem Darm (in seltenen Fällen auch aus der Muttermilch) isoliert. Probiotische Produkte sollen die Darmflora positiv beeinflussen.
- **„Symbiotisches Joghurt"** enthält nicht nur probiotische Bakterien, sondern auch sogenannte „Präbiotika". Dies sind wasserlösliche Stoffe, beispielsweise Fructo-Oligo-Saccharide und Inulin, die den probiotischen Bakterienstämmen als Nahrung dienen und sie zum Wachstum anregen. „Symbiotikum" nennt man ein Produkt, in dem probiotische Bakterien und Präbiotika – aufeinander abgestimmt – enthalten sind.

Probiotische Joghurts beeinflussen den Darm einseitig.

Der Begriff **„Probioticum"** stammt aus dem Griechischen und bedeutet „für das Leben" – im Gegensatz zum „Antibioticum", was „gegen das Leben" heißt. Probiotische Produkte gibt es erst seit Ende 1995 am Markt, sodass wissenschaftliche Untersuchungen auf breiter Basis seit nicht allzu langer Zeit laufen. Deshalb gibt es viele Fragen, die noch offen sind.

Manchen Joghurtarten wird nachgesagt, dass sie bei täglichem Konsum den Dickdarm schützen, indem sie krebsfördernde Enzyme reduzieren. Andere dürften (in der Ernährung von Schwangeren eingesetzt) Allergien beim Kind vorbeugen. Probiotische Säuglingsmilchnahrung wird heutzutage bei Frühgeborenen, herzkranken und immunschwachen Kindern nicht (mehr) empfohlen. Ein Nachteil ist auch, dass der positive Effekt von probiotischen Joghurts nur so lange andauert, wie sie gegessen werden. Außerdem wird die Darmflora einseitig und zugunsten der zugeführten Bakterien entwickelt, sodass die ursprüngliche Vielfalt an schützenden Bakterien gestört wird. Der Preis probiotischer Produkte liegt, aufgrund der hohen Entwicklungs- und Marketingkosten sowie der futuristischen Verpackung, zwischen 30 und 70 % höher als bei den üblichen Joghurtprodukten. Dennoch haben diese Produkte innerhalb weniger Jahre einen hohen Marktanteil in deutschsprachigen Ländern erlangt.

Die positiven Eigenschaften von Probiotika kommen nur bei täglichem Verzehr zum Ausdruck.

VORSICHT | **Geschützte Joghurtkulturen beachten!**

Firmen und Molkereien lassen sich ihre neuesten Joghurtkulturen und Produkte meist vom Patentamt schützen und machen für ihre Produkte entsprechend viel Werbung. Das bedeutet für die Ab-Hof-Verkäufer, dass sie mit den Bakterien, die geschützt sind, kein Joghurt erzeugen und verkaufen und ihre eigenen Produkte auch nicht unter demselben Produktnamen anbieten dürfen, da sie sonst in rechtliche Schwierigkeiten kommen könnten.

Ab-Hof-Erzeuger sollten die neue „Health-claim-Verordnung", die gesundheitsbezogene Angaben auf Produkten regelt, kennen. Mit Probiotik und anderen Gesundheitsangaben darf nämlich nur unter bestimmten gesetzlich geregelten Bedingungen geworben werden.

Die „Hof-Marke" und der eigene Name sind immer noch die beste Werbung. Und eine Garantie für den bäuerlichen Anbieter.

So wird's gemacht

Es gibt mehrere Methoden, Joghurt selbst herzustellen.

Wenn Sie Joghurt selbst herstellen möchten, so können Sie stets so viel davon zubereiten, wie Sie brauchen. Dabei wird unnötiger Verpackungs- und Plastikabfall vermieden und Sie wissen genau, welche wertvollen Inhaltsstoffe in Ihrem Joghurt enthalten sind. Bei mittlerem Verbrauch sind in etwa einem halben Jahr die Ausgaben für einen Joghurtbereiter wieder hereingespielt.

Außerdem bietet das Selbstmachen immer wieder ein Erfolgserlebnis und regt die eigene Fantasie an, neue Geschmackskreationen zu entwickeln. Das Naturjoghurt kann vielfältig variiert werden und es können daraus sämtliche gewünschte Geschmacksrichtungen hergestellt werden.

Für Naturjoghurt werden die Bakterienstämme *Staphylococcus thermophilus* und *Lactobacillus bulgaricus* verwendet. Sie sind wärmeliebend und geben den typischen Geschmack. Diese Joghurtkultur erhalten Sie im Reformhaus und eventuell in Bio-Läden. Sie können sie auch jedem gekauften Naturjoghurt entnehmen, das nicht nacherwärmt wurde. Beim Nacherwärmen bzw. nachträglichen Pasteurisieren verlieren die Joghurtstämme ihre Vermehrungsfähigkeit.

Herstellung ohne Joghurtbereiter

Erwärmen Sie einen Liter Milch auf 45 bis maximal 50 °C. Als Joghurtansatz bzw. Joghurtkultur nimmt man 5–7 EL vom mittleren Teil eines frischen, gekauften, nicht nachgewärmten Naturjoghurts ohne Zucker- oder Fruchtzusatz – die oberste Schicht enthält Bakterien, die nicht erwünscht sind, die unterste Schicht ist zu sauer.

Man verquirlt diesen Joghurtansatz mit dem Schneebesen gut mit der erwärmten Milch und füllt diese dann in vorgewärmte Gläser, jedoch nicht ganz bis zum Rand.

Die Temperatur ist sehr wichtig für die Joghurtherstellung.

Die Gläser werden, mit in Wasser ausgekochten Schraubdeckeln verschlossen, in ein Wasserbad von 45 °C oder in eine gut isolierende Box (Kochkiste, temperierte Gefrierbox) gestellt. Drei Stunden lang wird nun das Joghurt „bebrütet", sodass die Temperatur – nach und nach

*Einrühren von
Joghurtansatz*

– langsam auf etwa 35 bis 38 °C absinkt. In dieser Zeit und bei dieser Temperatur fermentieren die wärmeempfindlichen Joghurtbakterien den Milchzucker zu Milchsäure.

Anschließend wird das Joghurt sofort in ein kaltes Wasserbad gestellt. Lässt man das Joghurt länger bebrüten oder kühlt es danach nicht sofort ab, wird es saurer. Außerdem säuert das Joghurt im Kühlschrank durch längere Lagerung nach. Es wird also umso säuerlicher, je länger es lagert.

Herstellung mit dem Joghurtbereiter

Sie können Joghurt in einem Joghurtbereiter ansetzen und sich dabei an ein mitgeliefertes Rezept halten. Das Joghurt gelingt mit Rohmilch, pasteurisierter oder abgekochter Milch. Die Milch kann sowohl eine Mager- als auch eine Vollmilch sein. Je nach Ausgangsmilch und Behandlungsart wird Ihr Joghurt geschmacklich variieren und – mehr oder weniger – cremig sein.

Die Gepflogenheit, Milch zur Joghurtzubereitung abzukochen, kommt aus den südlichen Ländern, wo dies generell aus hygienischen Gründen gebräuchlich ist. Bei uns ist es üblicher, pasteurisierte Milch oder Rohmilch zu verwenden – letztere meist nur mehr für den Eigengebrauch.

Wählen Sie abgekochte Milch, so wird das Joghurt stichfester. Bei Rohmilch als Ausgangsmilch kann es sein, dass das Ergebnis eher wie gerührtes Joghurt oder wie ein Trinkjoghurt wird. Joghurt aus Ziegenmilch bleibt ohne Trockenmilch- oder Gelatinezusatz immer flüssig, Joghurt aus Schafmilch wird aufgrund des Eiweißanteils auch ohne Abkochen stichfester als Joghurt aus Kuhmilch.

Joghurtherstellung im Joghurtbereiter (links). In einem Topf mit eingebautem Thermostat (Kombi-Glühweinkocher) wird das Joghurt im Wasserbad „bebrütet" (rechts).

Fehler bei der Joghurtherstellung

Ist Ihr Joghurt nicht gelungen, so kann es an einem der folgenden Fehler gelegen haben. Lassen Sie sich nicht entmutigen, werden Sie zum Fehlerquellen-Detektiv und probieren Sie es noch einmal.

- **Das Joghurt gelingt überhaupt nicht:** Die Ausgangsmilch wurde über 50 °C erhitzt und der Joghurtansatz in zu heißer Milch verrührt. Dadurch ist die Joghurtkultur unwirksam geworden.
- **Das Joghurt grießelt aus:** Während der Bebrütungszeit wurde auf über 50 °C erhitzt. Das grobkörnige Joghurt eignet sich vielleicht noch für Joghurt-Käsebällchen (siehe „Rezepte mit Joghurt").
- **Das Joghurt ist zu flüssig und kaum fermentiert:** Die Temperatur war zu niedrig. Die Joghurtkultur ist zwar noch wirksam, konnte sich aber nicht wirklich entwickeln. Man könnte das Joghurt eventuell noch einmal vorsichtig auf 45 °C erwärmen.
- **Das Joghurt wird sehr sauer:** Der Joghurtansatz war zu alt oder es wurde zu lange bebrütet.
- **Das Joghurt schmeckt verdorben:** Die Ausgangsmilch war schon zu alt oder schlecht. Ungünstige Bakterien haben bereits die Milch verdorben. Daraus kann kein gutes Joghurt entstehen.
- **Das Joghurt schmeckt nicht optimal:** Der Joghurtansatz wurde nicht vom Vortag genommen oder man hat die oberste Rahmschicht vom Ansatzjoghurt mitverwendet. Einfach ein neues Ansatzjoghurt kaufen und wieder mit der Eigenproduktion beginnen!

Schafmilch-Joghurt – speziell in der Herstellung

Schafmilch-Joghurt ist eine Spezialität – eine gesunde Köstlichkeit mit vorwiegend rechtsdrehender Milchsäure, sanft-cremiger Konsistenz und dem beliebten Geschmack. Es wird schon seit vielen Jahren in Ländern wie Griechenland und Bulgarien oder in der Kaukasusregion geschätzt und seit etwa 30 Jahren auch im deutschsprachigen Raum vermehrt angeboten. Es beinhaltet die wichtigen Inhaltsstoffe der Schafmilch, sofern die Milch nicht über 50 °C erhitzt wurde.

Ähnlich wie Kuhmilch-Joghurt wird Schafmilch-Joghurt bei Temperaturen von exakt 45 °C fallend bis 37 °C hergestellt und unter diesen Bedingungen circa drei Stunden lang bebrütet. Als Ansatz werden dazu Schafmilch-Joghurt vom Vortag – jedenfalls nicht älter als drei Tage! – oder reine Joghurtbakterien verwendet. Wird Kuhmilch-Joghurt als Ansatz genommen, so wird sich das bekannte Aroma des Schafmilch-Joghurts erst nach etwa dreimaligem Verwenden des eigenen Ansatzes entwickeln. Kuhmilcheiweiß wird aber noch in Spuren enthalten sein. Dies kann bei Kuhmilchallergikern unter Umständen anfangs Probleme auslösen!

> Schafmilchjoghurt beinhaltet vorwiegend rechtsdrehende Milchsäuren.

> Gut gelungenes Joghurt kann als Ansatz am nächsten Tag verwendet werden (mittlere Schicht).

Alte Hausmittel mit Joghurt

Da Joghurt in Mitteleuropa erst nach 1950 an Bedeutung gewonnen hat, gibt es wenige „alte" Hausmittel. Naturjoghurt wird für die Gesunderhaltung und Gesundung des Menschen heute aber in verschiedenster Form eingesetzt.

- Bei **Sonnenbrand** wirkt Naturjoghurt schmerzlindernd und kühlend, wenn man es vorsichtig auf die Haut aufträgt.
- Bei **Sodbrennen** kann etwas Naturjoghurt Linderung bewirken.
- Bei starkem **Stress** vermag Schafmilch-Joghurt Abhilfe zu schaffen. Es erfrischt und hilft, Spannungen abzubauen, wofür nicht zuletzt das im Joghurt enthaltene Magnesium verantwortlich ist.
- Als **Beruhigungstrunk** – wenn man in der Früh schon nervös ist, weil z. B. der Tag turbulent zu werden verspricht – sollte man 250 ml Joghurt mit 2–3 EL echtem Bienenhonig mixen und dies langsam und schluckweise trinken. Der Trunk soll die Nerven beruhigen.
- **Infekte**, die im Darm und Vaginalbereich durch Pilze, Viren oder Bakterien ausgelöst wurden, können durch täglichen Naturjoghurt-Genuss gelindert oder geheilt werden. Insbesondere **Verdauungsstörungen** werden mit vermehrtem Naturjoghurt-Genuss hintangehalten.

> Joghurt lindert Sonnenbrand.

- Weitere gesundheitliche Vorteile der Milchsäure in Joghurt sind vor allem die Linderung von Nebenwirkungen bei oder nach einer Antibiotikatherapie und die **Verbesserung der Darmflora**.
- Menschen mit **Laktose-Unverträglichkeit** vertragen zumeist Joghurt und Sauermilchprodukte (in kleinen Mengen).
- Wer **Kalorien sparen** will, kann bei vielen Rezepten statt Sauerrahm Joghurt verwenden. Ist Joghurt zu flüssig, seiht man es durch ein ganz feines, ausgekochtes Leinentüchlein – ohne Waschpulverrückstände! Dadurch gewinnt es an Festigkeit.
- Bei **Osteoporose** hilft vollfettes Joghurt mit, den Kalziumabbau in den Knochen zu verzögern.
- Bei drohender **Schwangerschaftsvergiftung** (Präeklampsie), ist es hilfreich, gesalzene Joghurtdrinks, beispielsweise „Ayran", mehrmals täglich zu trinken.

Rezepte

JOGHURT-GURKEN-COCKTAIL (2–3 Portionen)

½ **Salatgurke**
1 **kleine Zwiebel**
1 **Knoblauchzehe**
500 ml **Joghurt**
bis 125 ml **(Mineral-)**
Wasser
1 EL **Dill, gehackt**
Salz
Pfeffer

Die Salatgurke waschen und grob raspeln, die Zwiebel und die Knoblauchzehe fein schneiden.

Alle Zutaten, die Kühlschranktemperatur haben sollten, in einem Mixer ganz kurz pürieren, in Gläser füllen und mit Gurkenscheiben und Dill garniert servieren.

JOGHURT-SALAT-SAUCEN

Fettsparend und gesund sind Salatsaucen mit Joghurt. Dazu rührt man in Joghurt etwas Salz und die verschiedensten Kräuter (Dill, Schnittlauch, Zitronenmelisse, Knoblauch) ein, je nach gewünschter Geschmacksvariante einzeln oder als Mischung.

Joghurt-Senf-Marinade

250 ml Joghurt
4 EL Milch
4 EL Salatöl
2 TL Senf
3 EL Zitronensaft
Kräutersalz
weißer Pfeffer

Kräuter-Joghurt-Marinade

250 ml Sauerrahm
125 ml Joghurt
etwas Salz
verschiedene
gehackte Kräuter
(Dill, Basilikum,
Kerbel, Estragon,
Zitronenmelisse,
Knoblauch)

American-Dressing

125 ml Joghurt
100 g Topfen
4 EL gehackte Zwiebel
5 EL Ketchup
Salz, Pfeffer,
Chilipulver

Alle Zutaten miteinander verrühren, mit Salz abschmecken und über den Salat gießen.

American-Dressing (links), Kräuter-Joghurt-Marinade (Mitte) und Joghurt-Senf-Marinade (rechts)

JOGHURT-KNOBLAUCH-SAUCE

250 ml Joghurt
100 g Topfen
1 gepresste
Knoblauchzehe
Salz, Pfeffer
1 EL Petersilie
1 EL Zitronenmelisse
1 EL Schnittlauch
1 EL Dill

Joghurt, Topfen, Knoblauchzehe, Salz und Pfeffer, Petersilie, Zitronenmelisse, Schnittlauch und eventuell etwas Dill gut miteinander vermischen und über einen Salat gießen.

> **TIPP** | **Auch als Dip zu verwenden!**
>
> Wenn das Joghurt vor dem Vermischen in einem feinen Sieb oder mittels eines Leinentüchlens abgeseiht wurde und die Sauce daher nicht zu flüssig ist, eignet sich die Sauce sehr gut als Dip für Gemüse wie Gurken-, Karotten-, Paprika- oder Zucchinistreifen oder auch zu Ofenkartoffeln.

DREI GRILLSAUCEN

500 g Joghurt
300 g Crème fraîche
3 EL Mayonnaise
etwas Salz
frisch gemahlener
Pfeffer
etwas Zucker

Estragonsauce
6 Zweige Estragon
2 EL mittelscharfer Senf

Scharfe
Knoblauchsauce
2 Zehen Knoblauch
1 EL Chilisauce
4 EL Ketchup

Kräutersauce
1 Bund Petersilie
1 Bund Kerbel
1 Bund Schnittlauch

Joghurt mit Crème fraîche und Mayonnaise verrühren; mit Salz, Pfeffer und etwas Zucker würzen; diese Mischung auf drei Schüsseln verteilen. Knoblauch schälen und durch die Presse drücken. Estragon, Petersilie und Kerbel waschen, trocken tupfen und getrennt hacken. Schnittlauch waschen und in kleine Röllchen schneiden.

Für die Estragonsauce gehackten Estragon und Senf unter die Joghurtmischung rühren. Für die scharfe Knoblauchsauce gepressten Knoblauch, Chilisauce und Ketchup unter die Joghurtmischung rühren. Für die Kräutersauce gehackten Kerbel, Petersilie und die Schnittlauchröllchen unter die Joghurtmischung rühren.

Diese drei Grillsaucen passen zu gegrilltem Fleisch, Fisch und Gemüse.

Mit diesen Saucen macht Grillen Freude!

KALORIENSPARENDE MAYONNAISE

Fertige Mayonnaise wird einfach mit Joghurt (eventuell abgeseiht) gemischt, entweder im Verhältnis 2 : 3 bzw. 1 : 3 oder 1 : 1.

Geschmacksvarianten können mit Knoblauch, Kren, Pfefferminze, Essig, Kräutern sowie Senf erzielt werden. Eine Mischung mit Zwiebeln, Sardellen, Kapern und Essiggurkerln gibt wieder einen anderen Geschmack. Nicht zu dünnflüssig, ist diese „Mayonnaise" ebenfalls als Dipsauce für Gemüsestreifen verwendbar.

SAUCE TATARE

Topfen, Joghurt, Petersilie, die Kapern, die Essiggurke, die Zwiebel und den Dill gut vermengen und mit Salz und Pfeffer, eventuell auch mit Tabascosauce abschmecken.

100 g Topfen
4 EL Joghurt
2 EL Petersilie
2 TL Kapern
1 Essiggurke
1 Zwiebel
1 EL feingehackter Dill
Salz und Pfeffer
eventuell Tabascosauce

TSATSIKI

Das Joghurt in ein Tuch geben, aufhängen und die Molke abrinnen lassen.

Die Gurke fein hobeln, leicht salzen und den Saft ausdrücken. Die Knoblauchzehen in die Schüssel quetschen, dann die Gurke und das dicke Joghurt dazugeben und fein gehackten Dill unterrühren.

500 ml Joghurt
2–5 Knoblauchzehen
1 Salatgurke, entkernt
fein gehackter Dill

Tsatsiki

FRANZÖSISCHE GORGONZOLASAUCE

100 g Gorgonzola
1 TL Öl
4 TL Zitronensaft
125 ml Joghurt
Salz und Pfeffer

Gorgonzola mit der Gabel zerdrücken und das Öl daruntermischen. Den Zitronensaft, das Joghurt hinzufügen, mit Salz und Pfeffer würzen und das Ganze mit dem Stabmixer glatt rühren.

JOGHURT-KÄSEBÄLLCHEN

2–4 Becher Joghurt
etwas Salz
Salatöl
Schnittlauch, gehackt
Paprikapulver,
Sesam, gestoßen,
zum Wälzen

2–4 Becher Joghurt werden in ein frisch ausgekochtes, feines Leinentüchlein gegeben. Die 4 Ecken werden hochgezogen, zugebunden und mit einer Schnur über einer Schüssel, die die abfließende Molke auffängt, aufgehängt. Mehrmals dreht man die Masse nach jeweils 1 Stunde im Leinentuch um oder verrührt sie ein wenig, damit die Molke wieder leichter abrinnen kann.

Ist das Joghurt dann so fest, dass kleine Bällchen geformt werden können, gibt man die Masse in eine Schüssel, salzt sie ein wenig und formt mit den Händen kleine Bällchen. Diese legt man, da sie schnell und stark nachsäuern, wenn sie nicht sofort gegessen werden, in ein Schraubdeckelglas und füllt dieses mit Salatöl an, bis die Käsebällchen ganz unter Öl stehen. Man verschließt das Glas und stellt es in den Kühlschrank bzw. bewahrt es kühl und dunkel auf. So kann sich der Joghurtkäse, gut gekühlt, bis zu einigen Wochen lang halten.

Ist einmal zu viel Naturjoghurt im Kühlschrank oder droht es alt zu werden, können daraus sehr leicht Joghurt-Käsebällchen gemacht werden.

Mit einem Zahnstocher auf die Käseplatte gelegt, mit Schnittlauch bestreut oder in Paprika oder gestoßenem Sesam gewälzt, geben diese Käsekugeln einen hübschen, bunten Akzent auf der Käseplatte.

JOGHURT-BROTAUFSTRICH

Rührt man Dillspitzen in die feste, gesalzene Joghurtmasse (siehe Joghurt-Käsebällchen) ein, erhält man einen wohlschmeckenden Brotaufstrich.

SCHAFKÄSE-JOGHURT-AUFSTRICH

Die Zwiebeln schälen und in feine Würfel schneiden; den Knoblauch schälen; Butter schaumig rühren und mit passiertem Schaf- oder Ziegenkäse vermengen. Joghurt und Paradeismark zugeben und mit einem Handmixer zu einer homogenen Masse verrühren.

Den Knoblauch pressen. Die Basilikumblätter waschen, sehr klein schneiden und unterrühren. Mit Salz und Pfeffer würzen; zuletzt die geschnittenen Zwiebeln zugeben. Der Schafkäse-Joghurt-Aufstrich schmeckt am besten zu warmem Fladenbrot.

2 kleine Zwiebeln
4 Knoblauchzehen
100 g Butter
150 g frischer Schaf-oder Ziegenkäse
250 ml dickcremiges Joghurt
5 EL Paradeismark
1 Bund Basilikum
etwas Salz
frisch gemahlener Pfeffer

TIPP	**Haltbarkeit**

Der Aufstrich hält sich im Kühlschrank mehrere Tage frisch.

LASSI (Indien)

250 ml Joghurt mit 125 ml Wasser verdünnen, etwas Salz dazugeben und mixen. Dies ist bei großer Hitze ein gut kühlendes Getränk.

MANGO-LASSI

500 g vollreife Mango
Prise Salz
evt. 1 EL Zucker
250 ml eiskalte
Vollmilch
250 ml dickes
Naturjoghurt

Das Fruchtfleisch der Mango mit einer Gabel oder einem Mixer unter der Zugabe von Salz und ein wenig Zucker fein pürieren. Dann die Masse mit einem Löffel durch ein feines Sieb drücken. Der so erhaltene Saft sollte keine Fasern beinhalten.

Mango mit Milch und Joghurt von Hand oder in einem Barmixer gut verrühren. In Gläser füllen und kalt servieren.

AYRAN (Türkei)

Joghurt wird mit Mineralwasser meist im Verhältnis 1 : 1 bis 2 : 1 gemixt, gesalzen und kühl getrunken. Als Beimischung eignen sich gepresster Knoblauch, Kreuzkümmel oder frische, gehackte Kräuter wie Pfefferminze, Basilikum, Dill oder Zitronenmelisse.

HINWEIS	**Kennzeichen eines richtigen Ayrans**

Das Wichtigste beim Ayran ist 1. der säuerliche Geschmack, welcher den Ayran so erfrischend werden lässt, und 2. der Schaum, welcher sich durch das kräftige Schlagen des Getränks bildet.

KIWI-JOGHURT (für 4 Personen)

250 ml Joghurt
500 ml Milch
Saft einer Orange
und einer Zitrone
2–3 TL Zucker
2 TL Honig
3 zerdrückte Kiwis
Kiwischeiben zum
Garnieren

Joghurt, Milch, Orangen- und Zitronensaft, Zucker und/oder Honig werden mit den Kiwis vermischt, in Gläsern, mit Kiwischeiben verziert, angerichtet und kühl serviert. Ein Zuckerrand sieht hübsch aus und macht den Drink zum Cocktail.

TIPP	**Wahre Vitaminbombe**

Das Kiwi-Joghurt ist besonders vitaminreich und stärkend.

BANANEN-JOGHURT-MIX (für 2 Gläser)

250 ml Joghurt
3 reife Bananen
Saft von 2 Orangen
1–2 TL Honig

Joghurt, die Bananen, den Orangensaft und den Honig gut mixen und nicht zu kühl trinken.

KAFFEE- ODER KAKAOCREME (für 4 Personen)

Joghurt, Vanillezucker, Instant-Kaffee oder löslichen Kakao, die Banane und den Honig gut vermixen, in Dessertgläsern anrichten und kalt stellen. Biskotten oder Biskuitschnitten dazu servieren.

500 ml Joghurt
1 Pkg. Vanillezucker
1 TL Instant-Kaffee oder löslicher Kakao
1 Banane
2 TL Honig
Biskotten oder Biskuit-scheiben zum Garnieren

JOGHURT MIT FRUCHTSAFT (für 2 Gläser)

Trauben-, Apfel- oder Ananassaft mit Joghurt, Honig und etwas Zitronen-saft gut vermixen und kühl stellen oder – noch besser – gleich in hohen Gläsern, eventuell mit Zuckerrand, servieren.

250 ml Trauben-, Apfel-oder Ananassaft
250 ml Joghurt
2 TL Honig
etwas Zitronensaft

JOGHURT-FRUCHT-GEMÜSE-GETRÄNK (für 4–5 Gläser)

Tomaten-, Karotten- und Orangensaft gut mit dem Joghurt vermixen und gleich servieren.

125 ml Tomatensaft
125 ml Karottensaft
125 ml Orangensaft
500 ml Joghurt

PFIRSICH-JOGHURT-MUS (siehe Abb. S. 72)

Die Kastenform mit Klarsichtfolie auslegen und einen Karton für die Trennung zurechtschneiden. Den Karton mit Klarsichtfolie umwickeln und in die Form stellen, danach die Form kalt stellen. Die Gelatine in kaltem Wasser einweichen. Das Pfirsichmark mit Staubzucker und Zitronensaft glatt rühren; das Obers halbsteif schlagen und unterheben. Die ausge-drückte Gelatine im Wasserbad auflösen und unter die Masse heben. Die Pfirsichmasse in eine Hälfte der Form füllen; für den Halt des Kartons die andere Seite mit Küchenpapier ausfüllen und die Masse ca. 3 Stunden in den Kühlschrank stellen.

Für das Joghurtmus die Gelatine einweichen. Das Joghurt mit Staub-zucker verrühren. Eiklar mit Zucker steif schlagen. Das Obers halb steif schlagen und den Eischnee und das Obers in die Joghurtmasse rühren. Zuletzt die ausgedrückte Gelatine im Wasserbad auflösen und einrühren.

Den Karton entfernen und die Joghurtmasse neben die Pfirsichmas-se in die Form füllen. Danach das Mus in den Kühlschrank stellen und nach 3 Stunden vorsichtig aus der Form stürzen. Die Folie abziehen und das Mus in Portionen schneiden oder daraus mit einem Löffel Nockerln ausstechen. Zuletzt das Dessert mit frischen Pfirsichspalten und Natur-joghurt garnieren.

3 Gelatineblätter
200 g Pfirsiche, püriert
80 g Staubzucker
Saft von 1 Zitrone
250 ml Obers

3 Gelatineblätter
250 ml Joghurt
100 g Staubzucker
1 Eiklar
30 g Zucker
250 ml Obers

2 Pfirsiche für die Garnitur
Klarsichtfolie für die Kastenform

JOGHURT-MARILLEN-DESSERT MIT HONIG

400 g Marillen
1 großes Stamperl
Marillenlikör
Zitronensaft nach
Geschmack
4 Blatt Gelatine
500 ml Joghurt (natur)
40 g Honig
1 Pkg. Vanillezucker
125 ml Obers

gehackte Nüsse und
einige Marillenstücke
zum Verzieren

Marillen waschen, halbieren und entkernen. Die Marillenhälften mit Likör und Zitronensaft marinieren und kühl stellen. Gelatine in kaltem Wasser einweichen. Joghurt mit Honig und Vanillezucker verrühren. Vier Dessertgläser vorkühlen.

Das Obers steif aufschlagen. Gelatine ausdrücken und in etwas warmem Wasser auflösen, zusammen mit dem Obers unter das Joghurt-Honiggemisch ziehen und diese Creme nun abwechselnd mit den Marillenhälften in die vorgekühlten Gläser füllen, die oberste Schichte soll Creme sein. Die gefüllten Dessertgläser 1 Stunde in den Kühlschrank stellen.

Vor dem Servieren das Dessert mit gehackten Nüssen und Marillenstücken verzieren.

JOGHURT-EIS

Pfirsich-Joghurt-Mus
(links) und Joghurt-
Marillen-Dessert mit
Honig (rechts)

Pro Person werden 125 ml Joghurt mit fein gehackter Minze vermischt und über je 1 Erdbeereis- und 1 Himbeereiskugel gegossen. Mit Erdbeeren und Minzeblättern garnieren und mit Schlagobers verzieren.

JOGHURT-TORTE

Joghurt, Zucker und Zitronensaft werden mit den Gelatineblättern, die kalt eingeweicht und dann in etwas heißem Wasser geschmolzen wurden, vermischt. Anschließend werden das geschlagene Schlagobers sowie Erdbeeren oder Kiwispalten eingerührt.

Die Joghurtmasse wird in eine beschichtete Tortenform gegeben und mit Erdbeeren belegt, die in die Masse eingedrückt werden. Nun legt man einen fertigen Biskuitboden darüber.

Die Torte kommt 6 Stunden in den Kühlschrank, wird dann kurz und vorsichtig mit der Form in heißes Wasser getaucht, anschließend aus der Form auf einen Tortenteller gestürzt und mit Erdbeeren und Schlagobers verziert.

375 ml Joghurt
100 g Zucker
3 EL Zitronensaft
10 Gelatineblätter
250 ml geschlagenes Schlagobers
Erdbeer- oder Kiwispalten
4 fertige Biskuitböden

SCHNELLE JOGHURT-VARIANTE

Zu Joghurt gibt man 3 EL nicht zu feste Marmelade (Erdbeer-, Marillen-, Pfirsich-, Johannisbeermarmelade) und rührt diese leicht unter.

Auch löslicher Kakao oder Kaffee kann stattdessen eingerührt werden. Ist das Joghurt zu sauer, kann es mit 3 TL flüssigem Honig verfeinert werden.

Selbst gemachtes Marillenjoghurt

JOGHURT-KALTSCHALE

250 ml Joghurt
Saft von ½ Zitrone
4 Blatt Gelatine
100 g Früchte (Kiwis,
Erdbeeren, entkernte
Kirschen, Himbeeren
oder Brombeeren)
125 ml geschlagenes
Obers

Das Joghurt und den Zitronensaft mit den in warmem Wasser aufgelösten Gelatineblättern vermischen und die Früchte untermischen. Anschließend das Gemisch in Glasschalen gießen und kühl stellen.

Die geschlagene Schlagsahne kann nach Zugabe der Gelatine noch schnell untergemischt oder zum Verzieren verwendet werden, wenn das Dessert besonders kalorienreich sein soll.

KALTES JOGHURT-FRÜCHTEDESSERT

250 g Erdbeeren
1 Kiwi
etwas Zitronensaft
1 großes Stamperl
Cointreau
5–6 Blatt Gelatine
250 ml Obers
250 ml Joghurt
1 Ei
50 g Staubzucker
½ Pkg. Vanillezucker

4–6 Förmchen

Erdbeeren putzen, waschen und in kleine Stücke schneiden. Kiwi schälen. 2 Scheiben für die Garnitur beiseite stellen, restliche Kiwi in kleine Stücke schneiden. Erdbeer- und Kiwistückchen mit Zitronensaft und Cointreau vermengen und kalt stellen. Die Gelatine in kaltem Wasser vorweichen.

Obers steif aufschlagen und mit Joghurt verrühren. Das Ei mit Staub- und Vanillezucker über einem heißen Wasserbad dickcremig aufschlagen, vom Wasserbad nehmen und so lange weiterschlagen, bis die Masse erkaltet ist; Gelatine ausdrücken und in ganz wenig warmem Wasser auflösen und zusammen mit dem Obersgemisch unter den Eischaum heben. Die Früchte behutsam darunterziehen und diese Masse sodann in die vorbereiteten Förmchen füllen, danach 4 Stunden in den Kühlschrank stellen. Die Förmchen kurz in heißes Wasser tauchen und auf einen passenden Servierteller stürzen. Vor dem Servieren mit Erdbeeren und halbierten Kiwischeiben garnieren.

*Joghurt-Früchtedessert
mit Erdbeeren und Kiwis*

Kefir

Allgemeines

Kefir stammt aus dem Kaukasus. Das Wort leitet sich von „Kef" oder „Keyif" ab, was so viel wie Schaum bzw. Rausch bedeutet. Er ist auch im europäischen Raum ein beliebtes Sauermilchprodukt, leicht herzustellen, und man spricht ihm vielerlei Heilwirkungen zu.

Milchsäurebakterien und Hefen ballen sich zusammen und ergeben die Kefir-Bakterien-Knöllchen. In lauwarmer Milch wandeln sie Inhaltsstoffe wie Milchzucker zu Milchsäure, Alkohol und Kohlensäure. Kefir ist leicht moussierend, spritzig und leicht alkoholisch (je nach Ansatzzeit 0,01 bis zu 2 %). Er eignet sich daher nicht für Kinder oder Alkoholabhängige.

> **VORSICHT** | **Kefir enthält Alkohol**
>
> Babys, Kleinkinder und ehemalige Alkoholkranke sollten keinen Kefir zu sich nehmen! Spuren von Alkohol genügen schon, um rückfällig zu werden.

So wird's gemacht

Zumindest ein nussgroßer Kefirpilz oder 125 ml gekaufter Kefir, der nicht nachpasteurisiert wurde, wird mit 1–2 l lauwarmer Milch in ein Schraubdeckelglas gefüllt, sodass die Milch 3 cm unter den Rand reicht. Das Glas wird verschlossen, etwas geschüttelt und bei etwa 20 °C bzw. Zimmertemperatur dunkel aufbewahrt. Ofenwärme oder Tages- bzw. Sonnenlicht würden den Kefir beeinträchtigen. Günstig wäre ein braunes Glas, oder man stellt es in einem Schrank zur Reifung auf.

Nach der gewünschten Zeit (siehe unter „Gesund mit Kefir", unten) wird der Pilz in einem emaillierten Sieb oder Kunststoffsieb abgeseiht. Das Kefir-Getränk wird in eine Flasche gegossen, verschlossen und im Kühlschrank aufbewahrt. Zu bedenken ist jedoch, dass Kefir während der Lagerungszeit weiterreift und darum sollte er stets möglichst frisch getrunken werden. Es ist daher erforderlich, stets neuen Kefir herzustellen, indem die Kefirpilze unmittelbar nach dem Abseihen wieder in neuer Milch angesetzt werden.

Kefir reift während der Lagerungszeit weiter und sollte daher möglichst frisch getrunken werden.

WICHTIG	**Pilze regelmäßig auswaschen**

Die Pilze müssen mindestens einmal in der Woche unter kaltem Wasser ausgewaschen werden!

Der Geschmack von Kefir lässt sich – wie bei Joghurt – vielfältig variieren, wenn man dem Getränk Fruchtsaft, Marmelade, Honig oder Früchte zufügt. Nach tagelangem Genuss wird manchmal gerne eine Kefir-Pause eingelegt. Sollen die Pilze längere Zeit aufbewahrt werden, ohne dass neuer Kefir angesetzt wird, kann man sie wenige Tage in kaltes Wasser geben. Sie beginnen in Wasser jedoch zu hungern und verderben bald. Man kann entweder nur kurze Kefir-Pausen machen, größere Knollen einfrieren oder zwischendurch wieder Kefir damit ansetzen. So können die Pilze über eine längere Zeit gerettet werden.

Auch eingefrorener Kefir verdirbt jedoch meist bis auf einen kleinen Kern einer großen Pilzknolle. Von diesem gesunden und lebenden Mittelstück ausgehend, kann aber wieder neu und sorgfältig mit der Kefirherstellung begonnen werden.

Die Pilzknollen werden in Milch täglich größer, sodass mit einer kleinen Knolle angefangen werden sollte. Es kann auch wieder eine eigene Kefirkultur von einem gekauften Kefir als Ansatz weitergezüchtet werden. Später, wenn zu viele Pilzknollen vorhanden sind, ist es am besten, diese im Bekanntenkreis weiterzugeben.

Die Pilzknollen werden in Milch täglich größer.

Gesund mit Kefir

Kefir schreibt man viele Heilwirkungen zu. Je nachdem, wie lange er angesetzt wird, wirkt er abführend oder leicht stopfend. Es sollte daher stets bedacht werden, für welchen Heilungszweck Kefir eingesetzt wird.

Kefir behindert Fäulnisbakterien im Darm. Er soll darüber hinaus bei täglicher Anwendung vor allem unterstützend wirken bei Nervenerkrankungen, inneren Geschwüren, Bronchialkatarrhen, Sklerose, Herzinfarkt,

Kefir behindert die Aktivität von Fäulnisbakterien im Darm.

Gallen-, Leber-, Nierenleiden, infektiöser Gelbsucht, Magen-Darm-Erkrankungen, Durchfall, hartem Stuhl, Blutarmut, Ausschlägen und Ekzemen.

- Ist Kefir 24 Stunden angesetzt, wirkt er abführend.
- Ist er 48 Stunden angesetzt, wirkt er normalisierend.
- Bei einer Ansatzdauer von maximal 72 Stunden hat er stopfende Wirkung. Er beinhaltet dann mehr Alkohol.

Alte Hausmittel

- Bei manchen **Ausschlägen** und **Ekzemen** soll Kefir Erleichterung, ja sogar Heilung bringen. Ein vorsichtiger Selbstversuch kann den Aufwand schon einmal wert sein. Für Milchallergiker ist dies allerdings nicht ratsam.
- Bei **Gallenleiden** ist eine 2- bis 6-monatige Kur angezeigt.
- Bei **Magen-**, **Darm-** und **Nervenleiden** trinkt man täglich bis zum Ausheilen 1 l Kefir aus Magermilch oder etwa 2 Monate lang kurmäßig, legt dann eine Pause von 1–2 Wochen ein und beginnt danach wieder, Kefir zu trinken. Selbstverständlich muss dabei auch auf die richtige Ernährung geachtet und eventuell eine Diät eingehalten werden. Bei schwereren Leiden muss festgehalten werden, dass Kefir zwar den Heilungsprozess unterstützen kann, als alleinige Behandlung aber wahrscheinlich nicht ausreichen wird.

Rezepte

Anstelle von Kefir kann man bei den meisten in diesem Kapitel angeführten Rezepten auch Joghurt verwenden und umgekehrt (siehe S. 64 ff.).

WASSERKEFIR

Zucker, Feigen, die Zitrone sowie die Wasser-Kefir-Knollen in ein Schraubdeckelglas geben und mit lauwarmem Wasser oder Tee aufgießen. Die weitere Behandlung ist wie bei Milchkefir.

150 g Zucker
2 getrocknete, ganze Feigen oder Zwetschken (Pflaumen)
½ Bio-Zitrone im Stück
Wasser-Kefir-Knollen

> **TIPP** | **Laktoseintoleranz**
>
> Wasser- und Tee-Kefir sind Getränke, die ähnliche Wirkungen haben und bei Laktoseintoleranz vorzuziehen sind.

FRUCHT-LASSI

Aus Kefir lässt sich ebenfalls Lassi herstellen. Dazu verwendet man z. B. Fruchtmus aus Beeren der Saison. Man kann es sparsam zuckern.

GEMÜSE-KEFIR-KALTSCHALE

500 ml Kefir
1 EL Zitronensaft
2 EL Sauerrahm
2 EL Hirseflocken
etwas Kräutersenf
1 EL geriebener Kren
weißer Pfeffer
Kräutersalz

Einlage
2 Paradeiser
300 g Salatgurke
100 g rote Paprikaschote
100 g gekochter Spargel
2 EL Kerbel
Schnittlauch zum
Garnieren

Die Stielansätze der Paradeiser herausschneiden und Paradeiser kurz in kochendes Wasser tauchen, danach abschrecken, die Haut abziehen, vierteln, entkernen und in Streifen schneiden. Die Gurke waschen, längs halbieren und ebenfalls in Streifen schneiden. Den Paprika putzen, waschen, Kerne und weiße Innenhäute entfernen und Paprika in Streifen schneiden. Den gekochten Spargel in kleine Stücke schneiden. Kerbel waschen und grob hacken. Schnittlauch waschen und kleine Stifte schneiden.

Das Gemüse und den Kerbel, etwas zum Garnieren beiseite stellen, in eine Schüssel geben. Kefir mit Zitronensaft, Sauerrahm und den Hirseflocken glatt rühren, mit Senf, Kren, Pfeffer und Salz würzen und über das Gemüse gießen. Alles durchmischen und 30 Minuten zugedeckt im Kühlschrank durchziehen lassen. Vor dem Servieren die kalte Suppe durchrühren, anrichten und noch mit etwas Gemüse, Kerbel und Schnittlauch bestreuen.

Herrlich kühlende
Gemüse-Kefir-Kaltschale

MARILLEN-KEFIR-DRINK

Alle Zutaten fein aufschäumend miteinander vermixen, in Gläser füllen und, mit Mandelblättchen und einem Zuckerrand (siehe Himbeer-Mixgetränk, S. 50) garniert, servieren.

Marillen-Drink schmeckt mit Kefir, Joghurt, Buttermilch oder Milch.

500 ml Kefir
250 g reife Marillen
(Aprikosen), entkernt
250 ml Wasser oder
Mineralwasser
1 Prise Zimt
1 Schuss Zitronensaft
2–3 EL Zucker o. Honig
50 g Marzipan
Mandelblättchen

KEFIRKUCHEN

Kefir und Mehl werden mit Zucker, Öl, Eiern und Backpulver verrührt. Die Masse wird in eine befettete und bemehlte Kuchenform gegeben und 1 Stunde bei 200 °C gebacken.

2 Becher Kefir
4 Becher Mehl
1 ½ Becher Zucker
¾ Becher Öl
4 verrührte Eier
eventuell 1 Pkg.
Backpulver

Variante 1

Zu der oben angeführten Masse werden noch 2 EL Kakaopulver und ca. 750 g kleingeschnittene Äpfel gegeben. Die Masse wird in eine Springform gefüllt und wie oben gebacken.

Variante 2

Die Masse mit Rosinen vermischen, in Muffin-Papierbackformen füllen und backen.

Kefir-Muffins

Süß- und Sauerrahm

Allgemeines

Rahm wird durch Zentrifugieren oder Abschöpfen der Milch gewonnen. Man verwendet ihn süß oder gesäuert. Er bildet die Ausgangsbasis für Butter und wird zum Verfeinern von Speisen verwendet. Rahm kommt mit unterschiedlichem Fettgehalt in den Handel, z. B. als Kaffeeobers mit 10 %, Schlagobers mit 36 %, Sauerrahm mit 36 % oder als Crème fraîche mit ebenfalls 36 %. Letztere ist gesäuerter Rahm, der etwas eingedickt ist, bei Erhitzung nicht ausflockt und zur Verfeinerung von Speisen verwendet wird.

Mit Rahm kann man beim Kochen sparsam sein, und dennoch verleiht er den Speisen einen feinen Geschmack. Verwendung findet er vor allem bei der Zubereitung von Gemüse, Suppen, Aufstrichen und Saucen.

Schlagobers

Süß- bzw. Schlagrahm wird in eine Schüssel gegeben und mit der Schneerute steif geschlagen. So dient er als Verzierung oder als gehaltvolle und kalorienreiche Aufbesserung unter anderem für Kuchen, Desserts, Kaffee und Eis.

Schlagobers kann auch in der Küchenmaschine geschlagen werden. Doch Vorsicht, dass nicht zu lange geschlagen wird und Butter entsteht!

Wird gezuckertes Schlagobers gewünscht, so mischt man 2–4 TL Staubzucker je 250 ml Rahm vorsichtig nach dem Schlagen unter.

Alte Hausmittel

- Wenn gehaltvoller gekocht werden soll, etwa in der **Regenerations-phase** nach Krankheiten, verwendet man gerne Süß- oder Sauerrahm, um die Speisen kalorienreicher und appetitanregender zuzubereiten.
- Suppen und Saucen werden mit Rahm oder Crème fraîche im Geschmack abgerundet, und auch zu scharfe Speisen werden damit verfeinert. So wirken die Speisen **appetitanregend**.

Rezepte

„ERDÄPFELKAS"

Die Kartoffeln noch heiß schälen und mit der Gabel zerdrücken. Überkühlen lassen, salzen, pfeffern und kleingehackte Zwiebel unterrühren. Am Ende wird so viel Schlagrahm eingerührt, dass der „Erdäpfelkas" ein nicht zu fester, cremiger Brotaufstrich wird.

TIPP	Verwendungsmöglichkeiten

Dieser einfache, tagfrische Brotaufstrich aus dem Innviertel wird gerne für kalte Buffets verwendet und dient auch zur Resteverwertung, wenn einmal zu viele Kartoffeln gekocht wurden.

Erdäpfelkas hat mit Käse nichts zu tun. Er ist ein Brotaufstrich mit Butter oder Rahm.

RAHMSUPPE (für 2 Personen)

Mehl wird in Butter leicht angeröstet. Der Topf wird vom Herd gezogen und das geröstete Mehl mit dem Sauerrahm gut verrührt, bis sich das Mehl zu einem glatten Brei verbunden hat.

Dann rührt man kaltes Wasser langsam ein und salzt und pfeffert. Man mixt oder zerrührt dann mit der Schneerute gegebenenfalls noch kleine Klumpen.

Nun kommt der Topf wieder auf den Herd, man rührt um und lässt das Ganze kurz aufkochen. Zum Schluss wird fein gehackte Petersilie hinzugefügt.

Serviert wird die Rahmsuppe mit Brot oder Semmelwürfeln, die mit wenig oder ganz ohne Fett in einer Pfanne angeröstet wurden.

2 EL Mehl
30 g Butter
125 ml Sauerrahm
375–500 ml Wasser
Salz und Pfeffer
fein gehackte Petersilie
Brot oder Semmelwürfel
zum Garnieren

TIPP	Variationen

Anstelle von Petersilie kann fein geschnittener Schnittlauch in den Teller gegeben werden.

GEMÜSERAHMSUPPE

Spargel, Sellerie, Karotten oder Karfiol werden gekocht, wobei das Kochwasser nur vorsichtig gesalzen wird, weil dieses zur Suppe mitverwendet wird. Nun sprudelt man Rahm und etwas Mehl ab, rührt dies in die Suppe ein, püriert sie und lässt sie nochmals aufkochen. Gewürzt wird, je nach Gemüseart, mit Petersilie, Schnittlauch oder Pfeffer.

KÜRBISRAHMSUPPE

Die Zubereitung erfolgt mit Kürbis (Hokkaidokürbis ist besonders schmackhaft) wie beim vorherigen Rezept. Als Würze hat sich kleingehackte oder getrocknete Kapuzinerkresse sehr gut bewährt.

Kürbisrahmsuppe, mit Obers und Kürbiskernöl verfeinert

GORGONZOLASAUCE

Der Gorgonzola wird in einem kleinen Topf mit der Gabel zerkleinert und mit etwas Milch vorsichtig erwärmt, sodass der Käse langsam schmilzt. Dazu gibt man den sauren Rahm, in den etwas glattes Mehl untergerührt wurde, salzt und lässt die Sauce unter ständigem Rühren kurz aufkochen. Schließlich wird die heiße Sauce über die Nudeln gegossen.

Die Sauce kann auch gleich im Topf unter die Nudeln gemischt und so serviert werden. Mit Speck oder Schinkenstreifen garnieren.

100–150 g Gorgonzola
etwas Milch
250 ml Sauerrahm
etwas glattes Mehl
Salz
Speckwürfel oder
Schinkenstreifen
zum Garnieren

> **TIPP** | **Klassisch zu Nudeln**
>
> Diese schnelle Sauce ist eine Delikatesse zu Bandnudeln oder Spaghetti.

SCHINKEN-RAHM-SAUCE

Die Zwiebeln werden würfelig geschnitten, mit ein wenig Öl goldbraun geröstet, mit dem Mehl gestaubt und mit Wasser und saurem oder süßem Rahm aufgegossen und zum Kochen gebracht. Dann werden 100 g würfelig geschnittener Schinken dazugegeben. Salzen, pfeffern, eventuell Knoblauch oder Kräuter einrühren und heiß über ein Nudelgericht servieren.

1–2 Zwiebeln
ein wenig Öl
1 EL Mehl
250 ml Wasser
250 ml süßer oder saurer Rahm
100 g würfelig geschnittener Schinken
Salz und Pfeffer
eventuell Knoblauch oder verschiedene Kräuter

Vollkorn-Spaghetti mit Schinken-Rahm-Sauce

KNOBLAUCHDIP

250 ml Sauerrahm
250 ml Joghurt
2–4 Zehen frischer
Knoblauch, je nach
Größe und gewünschter
Intensität
etwas Salz

Alle Zutaten miteinander vermischen. Je nachdem, ob man diese Sauce fester oder flüssiger haben möchte, variiert man mit der Menge des dazugegebenen Joghurts. Man kann auch vorher die Molke des Joghurts in einem feinen Kunststoffsieb oder Tuch abrinnen lassen, um eine dickere Sauce zu erhalten. Dieses kalte Gericht wird zu rohen Gemüsestreifen, Fleisch oder – flüssiger – zu Salat serviert. Alternativ auch mit Kräutern statt Knoblauch.

SCHINKENROLLEN

1–3 Schinkenscheiben
250 ml Schlagrahm
etwas Salz
etwas Kren (Meerrettich)
etwas Gemüse-
mayonnaise
Vogerlsalat
Walnüsse

Pro Person benötigt man 1–3 etwas dicker geschnittene Schinkenscheiben. Schlagrahm wird geschlagen, etwas Salz und geriebener Kren (Meerrettich) untergehoben.

Auf jedes Schinkenblatt gibt man im ersten Drittel etwa 1–3 EL Krenobers und rollt die Schinkenrolle von dieser Seite zusammen. Dann legt man sie mit dem Ende nach unten auf ein Salatblatt oder auf die Gemüsemayonnaise, eventuell auch nur so auf den Teller und verziert die Rollen anschließend mit Salat und Nüssen.

| **TIPP** | **Variation** |

Anstelle von Vogerlsalat kann natürlich auch jeder andere Blattsalat verwendet werden.

Schinkenrolle

SCHLAGOBERS-JOGHURT-CREME

Schlagobers wird ½ Minute lang geschlagen. Dann rührt man 1 Prise Sahnesteif ein und schlägt das Schlagobers, bis es ganz fest ist. Anschließend werden Joghurt, Staubzucker und eventuell etwas Zitronensaft eingerührt. Diese Creme eignet sich sehr gut als Fülle oder Zugabe für Kuchen und Torten.

250 ml Schlagobers
1 Pkg. Sahnesteif
250 ml Joghurt
3 TL Staubzucker
etwas Zitronensaft

RHABARBERKALTSCHALE MIT ERDBEEREN

Die Gelatine einweichen. Den Rhabarber waschen, schälen und in kleine Stücke schneiden, die Erdbeeren waschen und je nach Größe halbieren oder vierteln. Weißwein mit Zucker aufkochen, die Rhabarberstücke zugeben und 2–3 Minuten langsam köcheln lassen. Danach die Erdbeeren zugeben. Die Gelatine ausdrücken, in einem Wasserbad auflösen und einrühren, anschließend die Masse kalt stellen.

Das Eiklar und Obers jeweils steif schlagen und mit der Rhabarber-Erdbeer-Masse vermengen.

Das Dessert in vorbereitete Schalen füllen und wieder kalt stellen. Vor dem Servieren mit Erdbeeren garnieren.

1 Gelatineblatt
250 g Rhabarber
100 g Erdbeeren
40 ml Weißwein
60 g Zucker
1 Eiklar
100 ml Obers

Erdbeeren zum Belegen

FRÜCHTE-SHAKES

Bananen-Honig-Shake

**2 Bananen, geschält
und zerteilt**
250 ml Obers
10 Eiswürfel
2 EL Honig
60 ml Mineralwasser

Himbeer-Erdbeer-Shake

250 g Erdbeeren
250 g Himbeeren
250 ml Obers
10 Eiswürfel
3 EL Honig

Für die beiden Shakes alle jeweiligen Zutaten in einer Küchenmaschine aufmixen und danach in vorgekühlte Gläser füllen.

Variationen

Ananas-Brombeer-Shake, Mango-Orangen-Shake

Butter

Allgemeines

Fast jeder Hausfrau, Mutter oder Köchin ist es schon passiert, dass das elektrische Rührwerk beim Schlagen des Rahms zu Schlagrahm zu lange lief und anstelle des erwünschten Schaumes alles zu klumpen begann, sich die Butter zusammenzog und die Buttermilch absonderte. So wurde zwar der Traum von einer Schlagrahmverzierung auf der Geburtstagstorte zunichte gemacht, dafür waren wir aber um eine Erfahrung reicher, nämlich wie im Prinzip Butter entsteht.

Butter verbessert den Geschmack von Speisen sowohl durch ein Eigenaroma als auch durch das Milchfett, das natürliche Aromastoffe von Speisen optimal zur Geltung bringt. Jedoch ist Butter etwa zu 80 % reines Fett (etwa 20 % Wasser) und dementsprechend kalorienreich. Als tierisches Fett ist es bei einem Risiko für Herz-Kreislauf-Erkrankungen allerdings eher nicht oder nur sehr in Maßen zu empfehlen. Besprechen Sie das am besten mit Ihrem behandelnden Arzt.

Pro Tag sollten Erwachsene max. 2 EL zu sich nehmen, sowohl als Brotaufstrich als auch als Speisenbestandteile und Brotfett. Dies soll durch 1 EL hochwertiges Öl täglich für die Salatmarinade oder zum Kochen ergänzt werden.

So wird's gemacht

Butterherstellung im Butterfass

In der bäuerlichen Küche wird Butter aus Süß- oder Sauerrahm – wegen der besseren Haltbarkeit meist aus letzterem – im Butterfass gemacht. Für 1 kg Butter benötigt man den Rahm von 20–25 l Rohmilch. Man verwendet die dem Butterfass entsprechende Menge Rahm, die eventuell von 2–3 Tagen gesammelt wurde.

Bei einer Temperatur von etwa 12–14 °C wird der Rahm im Fass so lange gerührt oder gestampft, bis sich am tieferen Ton zeigt, dass sich das Milchfett abzusondern beginnt. Dann wird ein wenig langsamer gerührt, bis das ganze Milchfett zusammengeklumpt ist.

Schließlich wird die Buttermilch abgelassen und die Butter in frischem, kaltem Wasser händisch gewaschen, bis die herausgedrückte Flüssigkeit klar ist. Nun wird die Butter so lange geschlagen, bis der Wassergehalt etwa 16 % (max. 20 %) beträgt.

Mit heißen, nassen Händen formt man die Portionen zu Striezeln, verziert und verpackt sie. Was nicht in kurzer Zeit verbraucht oder verkauft wird, wird meist sofort eingefroren.

Butterherstellung im Mixaufsatz

Auch Sie können diese Butterherstellung im Küchenmixgerät probieren. Nehmen Sie dazu 1 l kühlen, nicht zu kalten Rahm, mixen Sie ihn z. B. im Mixaufsatz der Küchenmaschine auf niederster Stufe und schalten Sie den Mixer sogleich ab, wenn sich der Ton verändert und tiefer wird. Dann rühren Sie noch mit einem Kochlöffel weiter, bis die Butter ganz fest zusammenklumpt.

Seihen Sie die Buttermilch ab und geben Sie die Butter in eine Schüssel. Unter fließendem, kaltem Wasser drücken Sie nun den Butterklumpen mit einem Kochlöffel durch, bis das Wasser klar wird. Dann nehmen Sie die Butter heraus, drücken mit heiß abgewaschenen, nassen Händen das Restwasser aus der Butter heraus und formen Ihren Butterstriezel.

Anschließend verzieren Sie ihn mit einem heiß gemachten Löffel oder einer Gabel. Die Butter am besten gleich verbrauchen. Für eine längere Haltbarkeit legt man den Butterstriezel in kaltes Salzwasser. In täglich frisch gewechseltem Salzwasser hält sich die Butter recht gut.

Bereits in den Museen zu finden: Geräte zur Butterherstellung

Für eine längere Haltbarkeit die Butter in kaltes Salzwasser legen.

Butterqualität

Butter ist ein reines Naturprodukt. Daher gibt es auch qualitative Unterschiede: Je nach Jahreszeit – also Sommer- und Winterbutter, aber auch je nach Ausgangsmilch und Fütterung der Kühe – also Butter von auf der Alm oder im Stall gehaltenen Kühen. So ist Winterbutter z. B. härter als Sommerbutter. Letztere enthält bis zu dreimal so viel Vitamin A als Winterbutter. Almbutter ist wegen der größeren Vielfalt an Gräsern und Kräutern, die die Kühe fressen, geschmacklich und inhaltlich anderer Butter vorzuziehen. Außerdem enthält sie einen höheren Vitamingehalt.

Die Butter wird verziert.

Der Cholesteringehalt der Nahrung ist nur zum Teil für die Höhe des persönlichen Cholesterinspiegels verantwortlich.

Vor allem der Vitamin-D-Anteil ist infolge der Sonneneinstrahlung hoch. Die Art der Viehhaltung wirkt sich auf die Qualität der Butter stark aus. Ebenso bestimmt das Restwasser in der Butter ihre Qualität.

Die Vorteile von Butter sind:

■ Butter ist leicht verdaulich, da Milchfett viele kurzkettige Fettsäuren enthält.

■ Sie ist ein wichtiger Träger der fettlöslichen Vitamine A, D und E. So ist Milchfett in Form von Butter bei Magen-Darm-Erkrankungen, Leber-, Nieren- und Gallenleiden meist in Maßen erlaubt.

■ Der spezielle Buttergeschmack ist in der feinen Küche wirklich durch nichts zu ersetzen. Butter ist bei Gourmets sehr beliebt, da schon geringste Mengen hohen Genuss bereiten.

Die Nachteile von Butter sind:

■ Der höhere Preis für Butter als für Margarine, Öl oder Schmalz.

■ Der Cholesteringehalt. Die Cholesterindiskussion hat eine Zeit lang die Angst vor dem Butterkonsum geschürt. Mittlerweile weiß man, dass der Cholesteringehalt der Nahrung nur zum Teil ausschlaggebend für die Höhe des persönlichen Cholesterinspiegels ist.

■ Bei einer nachgewiesenen Kuhmilchallergie muss möglicherweise sogar Butter vom Speiseplan gestrichen werden, da sie geringe Spuren von Milcheiweiß enthält.

■ Bei Herz- und Kreislauferkrankungen sind meist andere Ursachen ausschlaggebend, wie der Genuss von zu fettem Fleisch und generell zu fetter Nahrung, zu wenig Bewegung etc. Natürlich muss dann auch der Butterkonsum in Maßen gehalten werden. Er sollte im Schnitt 20 g (2 gestrichene EL) pro Tag nicht überschreiten.

Alte Hausmittel

■ Bei Beginn einer **Bronchitis** sollte ein Butterwickel, auf die Brust oder den Rücken aufgelegt, helfen. Dauert die Bronchitis länger an, ist unbedingt ein Arzt zu Rate zu ziehen (siehe auch unter „Milch", S. 44 ff.).

■ Bei **Halsweh** sollte man ein Taschentuch mit Butter bestreichen und um den Hals wickeln. Darüber gibt man ein Handtuch oder einen Schal, der gut warm hält. Sollte keine Linderung oder Heilung eintreten, wenden Sie sich bitte an Ihren Arzt (siehe auch unter „Milch", S. 44 ff.).

■ Gleich wenn sich **Schnupfen** ankündigt, sollte man sofort etwas frische, ungesalzene Butter in die Nase streichen.

Rezepte

BUTTERSCHMALZ

Butterschmalz gewinnt man durch Schmelzen von Butter. Der Wassergehalt wird durch diesen Vorgang auf 0,2 % reduziert. Butterschmalz ist
höher erhitzbar als Butter. Es wird zur längeren Haltbarkeit hergestellt.

Kochen und Backen mit Butterschmalz war früher gebräuchlicher.
Heute hat Öl das Butterschmalz aus der Küche weitgehend verdrängt.

So wird's gemacht

Butter wird vorsichtig am Herd geschmolzen und zum Siedepunkt gebracht. Gleich wegstellen. Der Schaum wird abgeschöpft und das Wasser
abgegossen.

Das Butterschmalz wird traditionell in einem Tontopf aufbewahrt.

WEICH GERÜHRTE BUTTER

Um zu harte Butter streichfähig zu machen, wird diese in Stücke geschnitten und entweder händisch abgerührt oder mit dem Stabmixer
weich geschlagen.

> **TIPP** | **Verwendung**
>
> Die auf diese Weise weich gerührte Butter kann auf Brötchen, ehe
> man diese mit allerlei Köstlichkeiten belegt, sehr schnell und sparsam
> aufgestrichen werden.

KRÄUTERBUTTER

Bei vielen Speisen, wie Fisch, Steak oder Gemüse, erzielt Kräuterbutter
eine Abrundung des Geschmacks.

Dafür wird Butter mit Salz, einzelnen Kräutern (Petersilie, Knoblauch,
Oregano oder Basilikum) oder mit einer Kräutermischung nach eigener
Komposition mit dem Kochlöffel in einer runden Schüssel verrührt oder
mit dem Stabmixer gemischt.

Um Scheibchen zu erhalten, gibt man die noch weiche Kräuterbutter
auf Alufolie oder Butterpapier, formt eine Rolle, schlägt die Folie gut
darüber und stellt diese dann etwa 1 Stunde in den Kühlschrank.

Vor dem Servieren schneidet man mit einem Messer – das nach jedem
Schnitt in heißes Wasser getaucht wird – ca. 1 cm dicke Scheiben ab und
legt diese bis zum Servieren auf Eisstückchen. Die einzelnen Scheibchen
können auch tiefgekühlt und bei Bedarf einzeln aufgetaut werden.

KNOBLAUCHBUTTER

250 g Butter
½–1 TL Salz
2–4 Knoblauchzehen

Butter wird gesalzen, weich gemixt und mit gepressten Knoblauchzehen abgerührt. Die Menge Knoblauch richtet sich nach der Intensität, die man sich bzw. seinen Gästen zumuten kann.

> **TIPP** | **Sehr gut auf Brötchen oder Toast**
>
> Bei einem kalten Buffet kann Knoblauchbutter zu frischen Brötchen serviert werden. Knoblauchbutter auf Toast ergibt im Ofen überbacken eine wunderbare Beilage zu Suppen und Eintöpfen.

BRAUNER KIRSCHKUCHEN

100 g Butter
100 g Zucker
2 Dotter
1 Ei
70 g Schokolade
2 Eiklar
100 g Mandeln
30 g Semmelbrösel
(Paniermehl)
150 g Kirschen
Butter und Mehl für
die Form
Streuzucker

Butter und Zucker sehr flaumig rühren. Dotter und Ei nach und nach einrühren und die geriebene Schokolade darunterrühren. Eischnee, geriebene Mandeln und Brösel vorsichtig unterheben.

Diese Masse wird in eine befettete und bemehlte Tortenform gegeben und mit Kirschen belegt. Der Kuchen wird dann langsam und nicht zu heiß gebacken.

Oder: Die Masse wird zur Hälfte in die Form eingefüllt. Danach können die Kirschen darübergestreut und danach die andere Hälfte des Kuchenteigs darübergegeben werden.

Backzeit: 25 Minuten bei 180 °C mit Ober- und Unterhitze und danach 20 Minuten bei 170 °C mit Umluft.

Der fertige Kuchen kann mit Streuzucker bestreut werden.

> **TIPP** | **Variation**
>
> Man kann den Kuchen auch auf dem Blech machen.

GLEICHSCHWER-MARILLENKUCHEN

Butter und Zucker werden gut verrührt. Einzeln werden die ganzen Eier dazugegeben und dann weiter gerührt, bis die Masse fein, heller und etwas schaumig wird. Salz mit Mehl vermischen und in die Masse einrühren. Backpapier auf ein Backblech geben, die Masse darüberstreichen und mit halben Marillen belegen. Etwas Zucker und eventuell Zimt auf die Marillen streuen.

    Gebacken wird bei 180–200 °C eine halbe bis eine Dreiviertelstunde. Der Kuchen wird noch heiß geschnitten, vom Papier abgehoben und auf eine Kuchenplatte gelegt. Tagfrisch schmeckt er am besten.

250 g Butter
250 g Zucker (Staub- oder Feinkristallzucker)
250 g Eier (4–5 Stück)
1 Prise Salz
250 g Mehl
15–18 Marillen

Varianten

Mit Zwetschken oder Kirschen, je nach Jahreszeit. Auch eingefrorene Früchte können noch gefroren aufgelegt werden.

Bei mehr Bedarf kann die doppelte Masse für 2 – eventuell unterschiedlich belegte – Blechkuchen verwendet werden.

Allgemeines

Rezepte

Buttermilch

Allgemeines

Natürliche Buttermilch ist ein meist säuerliches Milchprodukt, welches als Nebenprodukt bei der Verbutterung von Rahm zu Butter anfällt.

Bei der natürlichen Buttermilch unterscheidet man je nach dem Ausgangsprodukt für Butter Süßrahm- und Sauerrahmbuttermilch. Aus Süßrahmbuttermilch kann durch Zugabe von Buttermilchsäurekultur gesäuerte Buttermilch hergestellt werden. Natürliche, unbehandelte Buttermilch kann verhältnismäßig fett sein, je nachdem, wie viel Restbutter darin fein verteilt ausgeflockt ist.

Großtechnologisch wird Magermilch in Molkereien heute mit einer Buttersäurekultur versetzt und so ein stets gleichschmeckendes, fettarmes Sauermilchprodukt hergestellt. Diese „Magermilch-Buttermilch" hat weniger als 1 % Fett und darf kein Fremdwasser enthalten. Ihr darf auch kein Magermilchpulver zugesetzt sein. Vergleichen Sie selbst einmal Alm- oder Bauern-Buttermilch mit der gekauften Buttermilch und schmecken Sie den Unterschied. Fällt am Bauernhof viel Buttermilch an, kann diese sehr sinnvoll zu Topfen (Quark) verarbeitet werden (siehe Kapitel „Topfen", S. 101 ff.).

Vorteile von Buttermilch

- Sie regt die **Verdauung** an. Buttermilch ist verdauungsfördernd und wirkt leicht abführend.
- Sie belastet den Harnsäurespiegel bei **Gicht** nur geringfügig.
- Buttermilch senkt den **Cholesterinspiegel** ähnlich wie die Verwendung von Molke.

Alte Hausmittel

Da im Erfahrungszeitraum nur Bauern-Buttermilch zur Verfügung stand, sind die Hausmittel-Hinweise nur für diese erprobt.

- Als **Diätempfehlung** sollte bei Übergewicht ungesüßte Buttermilch in den Speiseplan eingebaut werden, z. B. als kalorienarme Zwischenmahlzeit oder – mit Wasser verdünnt – als Kur-Getränk.

- Für **Diabetiker** kann ungesüßte Buttermilch eine ideale Zwischenmahlzeit sein (mit dem Arzt absprechen).

- Buttermilch regelt **Verdauungsprobleme**, wie zu festen Stuhl.

- Bei **Akne** sollte der tägliche Genuss von 500 ml Butter- oder Magermilch heilungsfördernd sein.

- Ein **Buttermilch-Vollbad** erweist sich als Balsam für die Haut. Dazu werden 500 ml reine Buttermilch zuerst mit lauwarmem Wasser in der Badewanne aufgelöst. Dann wird nach und nach mit heißerem Wasser zu einem Vollbad aufgefüllt. Die Badezeit sollte 10 Minuten dauern, anschließend kurz abtrocknen und zugedeckt ½ Stunde ruhen.

- Für **trockene Gesichtshaut** ist eine **Avocado-Buttermilch-Maske** besonders gut geeignet. Dazu wird eine weiche Avocado mit 1 TL Zitronensaft püriert. Dann wird 1 EL Magertopfen daruntergerührt und mit Buttermilch glatt gestrichen. Die Masse wird auf das gereinigte Gesicht aufgetragen. Anschließend sollte man etwa 10 Minuten bewegungslos liegen bleiben. Danach nimmt man die Maske mit einem Tuch oder mit Watte ab und wäscht das Gesicht mit lauwarmem Wasser.

> Ungesüßte Buttermilch ist eine kalorienarme Zwischenmahlzeit.

Rezepte

BUTTERMILCH-KALTSCHALE

Gekühlte Buttermilch wird in eine Glasschale gegeben und mit Zimt und etwas Zucker bestreut. An heißen Tagen genossen, ist dieses leichte Gericht eine ideale Zwischenmahlzeit.

BUTTERMILCH-PUDDING

Buttermilch wird mit etwas Zucker und Zitronensaft verrührt. Die Gelatine wird 2 Minuten in kaltes Wasser eingeweicht und in heißem Wasser aufgelöst, dann sogleich in die Buttermilch eingerührt und in zwei Glasschalen, die mit kaltem Wasser ausgeschwenkt wurden, gegossen.

Die Schalen werden kalt gestellt und der Pudding wird vor dem Servieren auf die Teller gestürzt, mit Zimt und Staubzucker bestreut und eventuell mit einem Kranz gekochter Apfelstückchen verziert.

250 ml Buttermilch
Zucker, Zimt und Zitronensaft nach Geschmack
2 Blatt Gelatine
2 EL Wasser
gekochte Apfelstückchen

BUTTERMILCHBROT

2 kg Vollkornmehl
40 g Germ (Hefe)
1 EL Zucker
2 EL Salz
2 EL Brotgewürz-
mischung (Koriander,
Anis, Fenchel, Kümmel)
je 1–2 EL Sonnen-
blumenkerne, Kürbis-
kerne, Sesam und
Leinsamen
1 500 ml Buttermilch

Das fein gemahlene Vollkornmehl wird in die Rührschüssel mit Knethaken gegeben. In einer Mehlmulde werden etwas warmes Wasser, die Germ (Hefe) und der Zucker aufgelöst. Nach etwa 15 Minuten ist die Hefe aufgegangen.

Salz, Brotgewürzmischung, eventuell Sonnenblumenkerne, Kürbiskerne, Sesam und/oder Leinsamen sowie die Buttermilch werden dazugegeben und fest verknetet, bis sich der Teig bindet. Zugedeckt sollte er anschließend etwa 2 Stunden in einem warmen Raum ruhen.

Wenn der Teig auf etwa die doppelte Menge aufgegangen ist, wird er kurz durchgeknetet und in Brotformen, die mit Backfolie ausgelegt wurden, etwa bis zur Hälfte gefüllt.

Der Backofen kann nun schon auf 100 °C angewärmt und die gefüllten Formen können zum nochmaligen Aufgehen hineingestellt werden. Nach etwa 15 bis max. 30 Minuten wird der Teig wieder aufgegangen sein.

Nun stellt man ein kleines hitzebeständiges Gefäß mit Wasser in den Ofen. Dann erhitzt man den Backofen auf 180 °C und lässt die Brote ½ Stunde bei dieser Temperatur backen. Danach wird die Temperatur auf 150 °C zurückgedreht und das Brot weitere 30–45 Minuten gebacken.

Als Probe, ob die Brote gut durchgebacken sind, nimmt man ein Brot heraus, stürzt es aus der Form und klopft unten auf das Brot. Klingt es hohl, sind die Brote fertig gebacken und können alle aus den Formen genommen und zum vorsichtigen Kühlen aufgelegt werden.

TIPP	**Nichts für den Sommer**

Es ist allerdings zu beachten, dass sich dieses Rezept für sehr heiße Tage nicht eignet, da das Fett der Buttermilch durch die enthaltene Buttersäure leicht verderben und so das Brot ungenießbar machen kann.

Die Brote sind fertig.

> ## VORSICHT | Backen mit Heißluft
>
> Wenn die Brote vor dem Backen im Ofen aufgegangen sind und Heißluft aufgedreht wird, weil in mehreren Etagen gebacken wird, sollten Sie immer zuvor noch 5 Minuten mit Ober- und Unterhitze erhitzen und erst dann auf Heißluft umschalten. Im anderen Fall wird zu kühle Luft über die Brote gewirbelt und diese können zusammensinken.
>
> Lässt man die Brote vor dem Backen in den Formen an einem warmen Ort in der Küche aufgehen, gibt man sie gleich in den auf 180 °C vorgewärmten Backofen.

BEIZE FÜR LEBER ODER WILD

Legt man Schafs,- Rinds-, Schweins- oder Wildleber einige Stunden gut bedeckt in Buttermilch, so wird die Leber zart und erhält einen feinen Geschmack.

Auch zum Wildfleischbeizen kann man Buttermilch gut verwenden.

MÜSLI

Buttermilch eignet sich sehr gut als Beigabe zu jeder Art von Müsli.

BUTTERMILCH-GETRÄNK

Buttermilch und Mineralwasser mischt man 1 : 1 und serviert das Getränk nicht zu kalt. Dies lässt sich wie Lassi (siehe Kapitel „Joghurt", S. 70) mit Salz abrunden und mit Knoblauch und gehackter Minze zubereiten.

BUTTERMILCH-MOLKE-MISCHGETRÄNK

Buttermilch, Molke und Mineralwasser, im Verhältnis 1 : 1 : 2 gemischt, eventuell leicht gesalzen, ergibt ein durstlöschendes, mineralstoffreiches, bekömmliches Sommergetränk, das auch als Sportlergetränk bekannt ist.

BUTTERMILCH-JOHANNISBEER-GETRÄNK

500 ml Buttermilch	**1 Rosette Schlagobers und**
100 ml Roter Johannisbeersaft	**1 Blatt Melisse zum Garnieren**
2 EL Zucker	

Buttermilch wird mit Rotem Johannisbeersaft und Zucker gemixt. Eventuell mit Schlagobers und Melisse verzieren.

BANANEN-BUTTERMILCH MIT MARILLEN

1 Banane (ohne Schale)
120 g entsteinte
Marillen (Dosenware
oder TK)
Mark von 1 Vanilleschote
2 EL Zucker
500 ml Buttermilch
20 g Walnüsse

Die Banane, die Marillen und das Vanilleschotenmark mit dem Zucker vermischen; diese Masse in ein Mixglas geben, die Buttermilch zugießen und fein aufmixen. Die Walnüsse hacken.

Die Bananen-Buttermilch in vorbereitete Gläser füllen, mit den Walnüssen bestreuen und sofort servieren.

TIPP	**Sehr reife Bananen verwenden**

Vollreife Bananen haben einen besseren Geschmack.

Bananen-Buttermilch

Sauermilch

Allgemeines

Lässt man unbehandelte Milch vom Bauern im Sommer in einer Schüssel offen stehen, bildet sich in wenigen Stunden durch eine sogenannte „wilde Säuerung" Sauermilch. Die Säurebakterien der Milch und die, die sich aus der Raumluft in der Milch ansetzen, vermehren sich rasch, und bei etwa 20–25 °C ist die Milch schon in wenigen Stunden sauer.

Gezielt und schnell säuert man die Milch durch Zugabe von Milchsäurebakterien, z. B. von frischer Sauermilch oder Sauerrahm. Diese Zugabe ist zu pasteurisierter Milch aus dem Geschäft unbedingt notwendig, damit die Milch säuern kann. Bei Bauernmilch ist es ebenfalls ratsam, je nach Luftqualität, diesen „Säurewecker" oder „Säurestarter" zuzusetzen.

Eine schnelle und gezielte Säuerung bewirkt, dass sich keine schädlichen Bakterien und Keime verbreiten können, somit wird ein vorzeitiges Schlechtwerden der Milch verhindert.

So wird's gemacht

In eine weite Schüssel gibt man lauwarme Milch mit etwa 20–24 °C, fügt je Liter Milch 4 EL Sauermilch vom Vortag oder 4 EL Sauerrahm hinzu und rührt mit einem ausgekochten Schneebesen gut durch. Anschließend wird die Schüssel mit einem sauberen, feinen Leinentuch (Windeltuch) abgedeckt, damit nichts hineinfallen kann. Dann wird sie an einen warmen Ort mit gutem Raumklima oder im Sommer in die Nähe des offenen Fensters (jedoch nicht in die Sonne!) gestellt. Nach 12–24 Stunden sollte die Milch sauer sein. Schafmilch benötigt bei dieser Temperatur 18–30 Stunden zum Säuern.

Im Sommer ist Sauermilch ein hervorragender Durstlöscher. Ehe Joghurt und Kefir in Europa so bekannt wurden, war Sauermilch die meist genossene gesäuerte Milch. Denn als die Milch noch nicht pasteurisiert in den Handel kam, war es üblich, dass die nicht gleich getrunkene Milch, die über Nacht sauer wurde, dann als saure Milch Verwendung fand.

Heutzutage wird sie im Haushalt von den verschiedensten Arten von Joghurt und Kefir verdrängt. Auch gibt es immer seltener sauer gewordene Milch, weil die pasteurisierte Milch im Kühlschrank bei zu langer Lagerung schlecht und nicht sauer wird.

Sauermilch ist das Vorprodukt von Topfen und Käse. Viele Käsesorten werden aus Milch, die mit Warmsäuerung bei 28–32 °C dickgelegt wird, hergestellt. Über die Käse- und Topfenherstellung erfahren Sie mehr im Kapitel „Topfen (Quark)", siehe S. 101 ff., und im Buch „Käsen leichtgemacht", Lotte Hanreich und Edith Zeltner (siehe Literaturverzeichnis).

Andere Arten von Sauermilch

Acidophilusmilch

Milch wird mit einer Spezialkultur in Form von 4 EL gekaufter Acidophilusmilch je Liter angesetzt und bei etwa 37 °C drei Stunden lang warm gehalten. Acidophilusmilch ist mild und fein im Geschmack und enthält überwiegend rechtsdrehende Milchsäuren. Besonders wohlschmeckend ist sie aus Schafmilch.

Ymer

Eine Besonderheit ist in Dänemark Ymer – eine Sauermilch mit einem erhöhten Eiweißgehalt von 6 %.

Schwedische Langmilch

Schwedische Langmilch ist im Sommer bei 20–30 °C einfach herzustellen. Sie gelingt nur wirklich gut mit unpasteurisierter Bauernmilch. Dabei werden 250 ml Milch mit einem Esslöffel Ansatz einer Langmilch gut durchgerührt und nun einfach bei Zimmertemperatur stehen gelassen. Abgedeckt wird der Milchtopf mit einem feinen Tuch, damit kein Staub bzw. keine Insekten die Milch verunreinigen können. Nach 1–2 Tagen ist die Milch gesäuert.

Der Ansatz für Langmilch ist in Mitteleuropa schwer zu erhalten. Er kann für eventuelle Engpässe eingefroren werden. Eine Freundin von uns besorgt sich im Frühjahr den Ansatz direkt aus Finnland und kommt so über den ganzen Sommer damit aus.

Die in der Langmilch vorhandenen schleimbildenden Bakterien, die manchmal „Fäden" verursachen, werden vor dem Verzehr mit dem Schneebesen oder dem Mixer zerschlagen. Für gemixte Getränke fällt dies aber ohnehin nicht ins Gewicht.

Schwedische Langmilch gilt als besonders leicht verdaulich und besitzt einen leichten Nussgeschmack. Im Vergleich zu Joghurt ist die Zubereitung einfacher, da die Fermentierung bei Zimmertemperatur bzw. sommerlichen Temperaturen erfolgt.

Schwedische Langmilch besitzt einen leichten Nussgeschmack.

> **ACHTUNG** | **Unerwünschte Verbreitung verhindern**
>
> Da die Langmilch-Bakterien sich auch über die Luft verteilen und andere offen stehende Milch befallen, ist eine räumliche Trennung erforderlich, wenn andere Milchprodukte hergestellt werden.

Gesund mit Sauermilch

Die gesundheitlichen Vorteile von Sauermilch sind denen von Joghurt ähnlich.

Sauermilch ist für alte Menschen leichter verdaulich als süße Milch, da der Milchzucker durch die Fermentierung in leicht verdaubare Milchsäure umgewandelt wird.

Sauermilch ist leichter verdaulich als süße Milch.

Alte Hausmittel

Probieren Sie bei regelmäßiger **Schlaflosigkeit** einmal, zum Abendessen ein bis zwei Tassen Sauermilch zu trinken. Das **beruhigt** sowohl **Magen** als auch **Nerven**.

Rezepte

1 Glas Natur-Sauermilch eignet sich sehr gut als zink- und kalziumreiche **Zwischenmahlzeit**.

SAUERMILCHGETRÄNK
Die Rezepte, die bei „Joghurt", siehe S. 64 ff., angeführt sind, können als Milch-Mix-Getränke auch mit Sauermilch hergestellt werden. Etwas mehr Honig oder Zucker versüßt das oft als zu säuerlich empfundene Getränk.

SPEISEN MIT SAUERMILCH

Die Rezepte, die mit Joghurt oder Kefir gemacht werden (siehe S. 64 ff. und S. 77 ff.) können auch mit Sauermilch hergestellt werden.

STERZ MIT SAURER MILCH

Maissterz oder Polenta, aber auch Buchweizensterz wird in einigen Gebieten Österreichs mit heißen Grammeln und deren Fett übergossen und mit kalter, saurer Milch serviert.

Sterz mit Sauermilch ist eine kräftige Mahlzeit.

TIPP	Variation

Statt der Grammeln können auch angebratene Speckwürfel verwendet werden.

*Sterz mit
saurer Milch*

Topfen (Quark)

Allgemeines

Topfen ist ein Frischkäse, der aus Sauermilch oder Buttermilch zubereitet wird, wobei die Molke dabei übrig bleibt. Auch Magermilch kann ideal zu Topfen verarbeitet werden. Er ist außerdem Ausgangsprodukt für viele Speisen und Käsearten und leicht selbst herzustellen.

So wird's gemacht

Die Topfenherstellung ist wahrscheinlich die älteste Form der gezielten Milchverarbeitung. Meist wird der Topfen aus der bei der Rahmgewinnung anfallenden Magermilch gemacht. Um den gewünschten Fettgehalt und damit die Geschmeidigkeit zu erhalten bzw. ihn geschmacklich aufzubessern, kann diesem Magertopfen nach seiner Fertigstellung etwas Rahm oder Joghurt beigemengt werden. Will man trockenen Topfen fettarm belassen, aber streichfähig machen, mixt man ihn mit Mineralwasser.

Zur Herstellung wird saure Milch am Herd vorsichtig und unter ständigem Rühren langsam und schonend erwärmt, bis sich die Topfenmasse etwas zusammenzieht. Dann wird die Masse in ein Windeltuch über einem Sieb über dem Topf gegossen, die 4 Ecken werden hochgehoben, zusammengebunden und über der Schüssel aufgehängt. Will man einen trockenen, härteren Topfen haben, erwärmt man etwas länger. Wünscht man weichen, cremigen Topfen, lässt man die Molke im Tuch abtropfen, ohne die gut gestockte Sauermilch erwärmt zu haben. Dazu muss das Tuch sehr fein sein.

Das Windel- oder Gazetuch wird natürlich speziell nur für die Topfenherstellung verwendet und als solches beispielsweise mit einem gestick-

Säurewecker kommt zur Milch (links). Abgefüllter Topfen im Tuch und im Hintergrund in konischen Formen abgefüllt (rechts).

ten Zeichen markiert. Es muss nach dem Kauf sehr sorgfältig ausgewaschen und einige Male ausgekocht werden, damit die ganze Appretur beseitigt ist. Wird nur selten Topfen gemacht und sollten Sie das Topfentuch versehentlich mit der Tischwäsche in der Waschmaschine gewaschen haben, dann muss das Tuch noch oft händisch durchgeschwemmt und nochmals ausgekocht werden, damit keine Waschpulverreste im Tuch verbleiben. Das Tuch wird nach der Benützung einige Male kalt und dann heiß durchgedrückt, separat ausgekocht und möglichst in der Sonne trocknen gelassen. Vor jeder Verwendung wird das Tuch nochmals ausgekocht. Tücher, die versehentlich mit Handtüchern oder Bettwäsche gewaschen wurden, sollte man überhaupt nicht mehr für die Topfen- oder Käseherstellung verwenden.

Topfenarten

Im Geschäft erhält man:

- Magertopfen
- Normaltopfen
- mit Rahm aufgebesserten, fettreichen Topfen
- Kräuter- oder Gewürztopfen
- fertige Topfenaufstriche
- Topfensaucen und vieles mehr

Gerade bei Topfen ist die Relation von Inhalt und Preis zu beachten. Mit dem Ausgangsprodukt, dem Magertopfen, kann man in der eigenen Küche mit einigen wenigen unterschiedlichen Zutaten und einfachen Handgriffen eine Vielfalt an Topfenprodukten herstellen und sehr günstig, leicht, schnell und vielfältig variieren.

Alte Hausmittel

- Für **ältere** und **übergewichtige Menschen** eignet sich Magertopfen vorzüglich als Speise. Er führt dem Körper das notwendige Eiweiß und Kalzium zu und ist kalorienarm. Mit Mineralwasser oder Magerjoghurt statt Rahm vermischt, lassen sich schmackhafte Brotaufstriche erzielen.
- Topfen-Brotaufstrich, mit Schnittlauch abgemischt, wirkt **blutreinigend**.
- Bei **Bronchitis** ist ein Brustwickel mit angewärmtem Topfen hilfreich. Dazu wird angewärmter (nicht heißer!) Topfen auf ein Leinentuch gestrichen, dieses auf die Brust und/oder den Rücken gelegt. Der Oberkörper wird in ein großes Handtuch gewickelt. Der Patient ruht gut zugedeckt, bis der Topfenwickel trocken ist. Der Wickel sollte dann wieder erneuert werden (siehe auch unter „Milch", S. 43 ff.).
- Bei **Entzündungen** sind nur kalte Umschläge wirkungsvoll. Die Entzündung beobachten und den eventuell notwendigen Arztbesuch nicht zu lange hinausschieben!
- Nach der Geburt beugt man **Brustentzündungen** vor bzw. heilt sie durch kalte Topfenwickel (siehe „Essen und Trinken im Säuglingsalter", I. Hanreich, Literaturverzeichnis).
- Topfen wird bei **geschwollenen, schmerzenden Gelenken** aufgelegt, in Tücher einwickeln und 1 Stunde belassen. Dann wird die fast trockene Topfenmasse abgerieben. Als begleitende Maßnahmen werden anschließend spezielle gymnastische Übungen gemacht, um die Beweglichkeit der Gelenke zu verbessern.
- Bei **Lungenentzündung** legt man warme Topfenumschläge auf das Rippenfell. Täglich 500 ml Ziegenmilch oder 250 ml Schafmilch zu trinken, unterstützt den Heilungsprozess.
- Trägt man bei **Venenentzündung** gekühlten Topfen auf, lindert das die Schmerzen und beugt einer Thrombose vor. Dazu werden die Beine bis übers Knie mit weichem Topfen gut eingeschmiert, in Tücher gewickelt und der Wickel 1 Stunde darauf belassen. Dann wird der trockene Topfen abgerieben. Als begleitende und wirkungsvolle Maßnahme wird im Anschluss etwa ½ Stunde spezielle Beingymnastik durchgeführt. Diese Anwendung wird in Kurheimen mit Erfolg durchgeführt.

Topfenwickel beugen Thrombose vor.

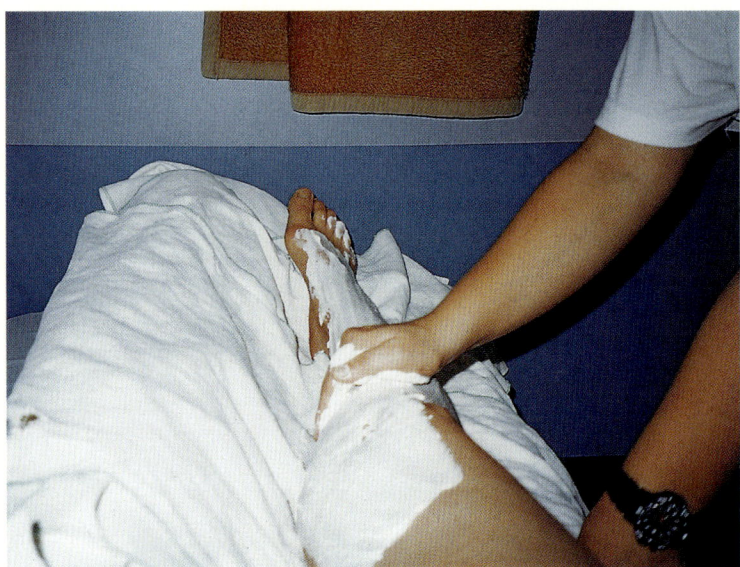

Topfenwickel: Ein Bein ist schon eingewickelt, am zweiten wird gerade Topfen aufgetragen.

- Wenn Kinder starkes **Fieber** haben und kein Arzt schnell erreichbar ist, sollte man Umschläge mit kaltem Topfen auf die Pulsadern am Handgelenk legen oder „Essigpatscherln" machen. In Essig getauchte Tücher werden dazu um die Füße gewickelt, mit einem Handtuch und einem Plastiksack umwickelt, damit Leintuch und Decke nicht nass werden. Oft tritt eine sehr rasche Fiebersenkung ein. Den Arzt konsultieren! Es ist wichtig zu wissen, woher das Fieber kommt!
- Bei **Insektenstichen** mit Juckreiz und Geschwulst wirkt kalter Topfen kühlend und lindernd.
- Bei **Bienenstichen** wirkt auch sofortiges Einschmieren mit naturreinem Bienenhonig oder das Auflegen einer angeschnittenen Zwiebel, eines Wegerichs oder eines Spezialmagneten.

VORSICHT	**Hausmittel mit dem Arzt absprechen**

Gerade bei schwereren Erkrankungen sollte man unbedingt den Arzt konsultieren und mit ihm die begleitenden Naturheilmethoden absprechen.

Rezepte

Topfen weich machen

Zu fester Topfen wird mit etwas Sauermilch, Sauerrahm, Joghurt, Wasser oder Mineralwasser versetzt und mit dem Kochlöffel oder Stabmixer weich und glatt gerührt.

Durch zu hohe Temperaturen grießelig gewordener Topfen bleibt leider grießelig, ist aber noch für andere Speisen verwendbar.

TOPFENTEIG

Rasch einen Teig ohne Zucker und ohne Ei zubereiten zu können, ist auch aus gesundheitlichen Gründen manchmal wichtig. Dazu eignet sich folgendes Teigrezept für Pizzaböden, pikante Torten, Obsttortenböden, Topfentascherln, Powidltascherln oder Salzstangerln.

250 g Topfen
250 g Butter
250–500 g Mehl
1 Prise Salz
(eventuell 2 Dotter)

Die Zutaten werden am Brett oder in einer Schüssel wie ein Mürbeteig „abgebröselt" und gut verknetet. Vor der Weiterverarbeitung sollte der Teig zumindest ½ Stunde rasten.

Die Masse kann eventuell ein bis zwei Tage, gut zugedeckt, im Kühlschrank aufgehoben werden, sodass heute dieses, morgen etwas anderes daraus zubereitet werden kann. Der Teig kann gegebenenfalls auch tiefgefroren werden.

TIPP | **Weniger Mehl – fetterer Teig**

Soll der Teig fettreich sein, dann nur einen Teil Mehl verwenden.

PIZZA

Boden: Der oben angeführte Topfenteig wird auf ein beschichtetes Blech gedrückt und der Rand etwas hochgezogen.

Pizzasauce: 1 Zwiebel fein schneiden und in reichlich Öl goldbraun rösten. Mit Tomatensauce oder geschälten, frischen Tomatenvierteln aufkochen, mit Oregano und Salz abschmecken und auf den Pizzaboden streichen.

Belag: Dann belegt man die Pizza mit allem, was die Küche z. B. auch an Resten zu bieten hat: Wurstscheiben, Champignons, Paprikastücke, Zwiebelringe, Schinken und Käsestücke. Gebacken wird bei 180 °C, bis sich Teigrand und -boden bräunen.

APFELKUCHEN

Das Kuchenblech wird mit dem Topfenteig belegt und geriebene Mandeln oder Bröseln werden darauf gestreut. Die Äpfel werden in schmale Spalten geschnitten und auf dem Teig in Reihen und etwas übereinander aufgelegt. Zimt und Zucker sowie Rosinen daraufstreuen und bei 180 °C backen, bis sich der Teigrand bräunt.

TARTE MIT APFELAUFLAGE

3 kg Äpfel
100 g Butter
100 g Zucker
Rosinen
Zimt oder 1 Zimtrinde
2 Gewürznelken
1 Vanillestange

Bis zu 3 kg Äpfel werden, ungeschält oder geschält, kleinblättrig geschnitten und in Butter, Zucker (oder ohne Zucker), mit Rosinen, Zimt oder 1 Zimtrinde, den zerstoßenen Gewürznelken und der Vanillestange weich gedünstet. Zimtrinde und Vanilleschote werden nach dem Kochen wieder entfernt.

Der Topfenteig wird in eine beschichtete Backform gedrückt und dabei der Rand des Teiges etwas hochgezogen. Anschließend den Teig 20 Minuten vorbacken. Danach wird die kalte Apfelmasse eingefüllt und gleichmäßig verstrichen. Auf die Apfelmasse kann ein Gitter aus dünnen Teigröllchen gelegt und mit Dotter bestrichen werden. Bei 180 °C wird noch etwa 20 Minuten weitergebacken.

TIPP	**Apfelauflage einfrieren**

Äpfel, die manchmal in Massen anfallen und die nicht gelagert werden können, können so sinnvoll verarbeitet werden. Die obige, gekochte, ausgekühlte Apfelmasse – jeweils etwa 5 Schöpflöffel – kann in große Einfriersäcke (für 6 kg) in bis zu 1 cm dicke Platten gestrichen werden. Drei Platten übereinander lassen sich auf einmal leicht einfrieren.

Apfelkuchen

BLECHKUCHEN MIT APFELMASSE

Ist im Winter dann schnell ein Kuchen zu machen, ist dieser auch sehr rasch zubereitet.

Den Teig aufs Blech, eine Platte Apfelmasse (siehe Tipp nebenan) darauf, den Teig am Rand über die Äpfel schlagen und 45 Minuten bei 180 °C backen (Variante: 30 Minuten bei 180 °C und 15–30 Minuten bei 150 °C ausdünsten lassen, vor allem, wenn die Apfelmasse sehr weich ist).

SALZSTANGERLN

Der obige Topfenteig wird auf einem Brett ausgerollt, dann werden mit dem Messer 1 cm breite und 3–6 cm lange Streifen geschnitten und eventuell einmal gedreht. Anschließend mit verquirltem Dotter bestreichen und mit Kümmel, Pfeffer oder grobem Salz bestreuen.

Die so geformten Stangerln werden auf ein Backblech gelegt und bei 180 °C goldbraun gebacken. Nach dem Erkalten in einer gut verschließbaren Dose oder einem Glas aufbewahren.

KÄSESTANGERLN

Mit 100 g Reibkäse vor dem Backen bestreut, werden obige Stangerln zu einem hervorragenden Käsegebäck.

POWIDLTASCHEN

Der obige Teig wird auf einem Brett ausgerollt und in Quadrate von etwa 6–8 cm geschnitten. In die Mitte gibt man 1 TL Zwetschkenmarmelade (Powidl oder Pflaumenkonfitüre) ohne Saft und schlägt den Teig darüber, drückt die Seiten fest zusammen, bestreicht die Taschen mit Ei und bäckt sie bei 180 °C goldbraun.

KNÖDELTEIG MIT TOPFEN (Marillenknödel)

250 g Topfen
125 g Mehl
etwas Salz
Marillen, Zwetschken, Kirschen, Erdbeeren als Fülle
Semmelbrösel
Zucker und Zimt

Alles wird in einer Schüssel abgemischt. Als Fülle eignen sich Marillen, Zwetschken, Kirschen, Erdbeeren.

Der Teig wird in Rollen von 3–4 cm Stärke geformt. Dann werden mit einem Messer Scheiben abgeschnitten, diese etwas auseinandergedrückt, die Früchte daraufgelegt und mit dem Teig rundum gut zugedeckt und fest verschlossen. Die Knödel werden mit den beiden Handflächen locker rund geformt und auf einen bemehlten Teller gelegt.

Danach werden sie in kochendes, leicht gesalzenes Wasser eingelegt, nach 2–5 Minuten vorsichtig mit dem Kochlöffel vom Boden gelöst und dann noch etwa 10–15 Minuten gar ziehen gelassen.

Anschließend werden sie herausgehoben und in gezuckerten, leicht angerösteten Semmelbröseln gewälzt und serviert. Die Knödel können zusätzlich noch mit Puderzucker, der mit Zimt vermischt ist, bestreut werden.

Zutaten für den Knödelteig: Mehl,
Topfen, etwas Salz

Mehl, Topfen und eine Prise
Salz in die Schüssel geben.

Vermischen von Mehl und Topfen

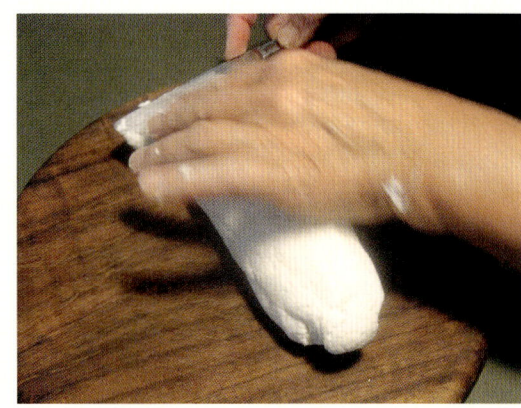

Der Teig wird zu einer Walze geformt.

Die Teigwalze wird in Scheiben geschnitten.

Die Marillen werden mit dem Teig umhüllt.

Knödel werden in den Händen geformt.

Die Brösel mit Zucker rösten.

Knödel ins kochende Wasser einlegen.

Die Knödel werden einzeln aus dem Wasser gehoben und in den Bröseln gewälzt.

Die fertigen Marillenknödel

BRAUNE TOPFENKNÖDEL

Obigem Teig wird Kakao beigemischt. Als Fülle eignen sich Ananas-Erdbeeren.

TOPFENLAIBCHEN

1 kleine Zwiebel
Öl zum Rösten und
Ausbacken
100 g Topfen
1 Ei
2 EL frische Kräuter
Salz und Pfeffer
etwas Muskatnuss
50 g Dinkelvollkornmehl

Die Zwiebel schälen, hacken, kurz in etwas Öl rösten und auskühlen lassen. Topfen, Ei und Kräuter vermengen, danach die Zwiebel zugeben, zuletzt die Gewürze und das Mehl untermengen.

Das Öl erhitzen, die Masse mit einem Esslöffel einlegen und flachdrücken. Bei geringer Hitze auf beiden Seiten goldbraun backen.

Der Topfenmasse kann auch noch gekochtes Gemüse und geriebener Käse beigemengt werden.

TIPPS | **Varianten für Saucen**

Preiselbeerschaum
Für den Preiselbeerschaum 3 EL Preiselbeermarmelade mit 1 EL Sauerrahm mixen, danach mit Salz, Pfeffer und etwas Zitronensaft verfeinern.

Schnittlauchsauce
Für die Schnittlauchsauce 2 EL Sauerrahm und 2 EL Joghurt mit Salz, Pfeffer und reichlich Schnittlauch verrühren.

Topfenlaibchen mit
Schnittlauchsauce

TOPFENSCHMARREN

Feiner, weicher Topfen und Milch werden gemixt. Dotter, Mehl, Salz, eventuell 1 Päckchen oder 1 TL selbst zubereiteten Vanillezucker daruntermischen und Rosinen (siehe unten) dazufügen. Zucker nach und nach einrieseln lassen und Eischnee vorsichtig unter die Topfenmasse heben.

Nun in einer großen Pfanne Butter schmelzen und die Masse hineingeben. Schonend wird von beiden Seiten ein goldgelbes Omelett gebraten, das dann mit der Gabel in Stücke gerissen wird.

Den Schmarren am besten gleich auf Tellern anrichten und, mit Staubzucker bestreut, servieren.

Ist die Pfanne zu klein, um den ganzen Schmarren aufzunehmen, wird in Teilen gebacken. Die jeweils fertige Partie wird in einer Schüssel warmgestellt und vor dem Servieren mit Staubzucker bestreut.

500 g feiner, weicher Topfen
500 ml Milch
4 Dotter
150 g Mehl
1 Prise Salz
1 Pkg. Vanillezucker
100–200 g Rosinen
100 g Zucker
4 Eiklar

TIPPS | **Rum-Rosinen und Vanillezucker selbst gemacht**

Rum-Rosinen

In einem Schraubdeckelglas werden die gewaschenen und wieder getrockneten Rosinen eingefüllt und mit Rum übergossen. So hat man stets weiche Rum-Rosinen für Omeletten, Krapfen und Kuchen zur Hand. Nicht für Kinder oder ehemalige Alkoholiker verwenden!

Vanillezucker

In ein entsprechend großes Glas gibt man Staubzucker. In diesen werden 3–5 Vanillestangen gesteckt, sodass sie ganz bedeckt sind. Der Staubzucker nimmt den Vanillegeschmack an. Bei regelmäßiger Verwendung genügt es, immer wieder Zucker nachzufüllen.

Topfenschmarren mit Rum-Rosinen

TOPFENCREME ALS FÜLLE FÜR ÜBERBACKENE PALATSCHINKEN (PFANNKUCHEN) MIT VANILLESAUCE

120 g Butter
100 g Zucker
4 Dotter
1 Vanillezucker
Zitronenschale
300 g Topfen
60 ml Schlagrahm
4 Eiklar
Rosinen

Butter mit Zucker, Dottern, Vanillezucker und geriebener Zitronenschale schaumig rühren. Dazu feinen, passierten Topfen, süßen Rahm und zum Schluss den steifen Schnee von den Eiklar und die Rosinen dazugeben. Sollte die Creme zu weich sein, 1–3 EL Semmelbrösel dazufügen.

Die fertigen Palatschinken werden mit der Creme bestrichen, eingerollt und in eine bebutterte, feuerfeste Form gelegt.

Darüber wird eine Vanillesauce aus 4 Dottern, Zucker, Vanillezucker, 60 ml Rahm und 125 ml Milch gegossen und die Palatschinken etwa 20 Minuten gebacken.

TOPFENKUCHEN MIT FRÜCHTEN

100 g Butter
120 g Zucker
4 Dotter
500 g feiner Topfen
4 Eiklar
100 g griffiges Mehl
750 g Früchte

Butter und 60 g Zucker schaumig rühren, einzeln die Dotter dazurühren. Den feinen Topfen hinzufügen. Nun die Eiklar mit weiteren 60 g Zucker aufschlagen. Zum Schluss griffiges Mehl abwechselnd mit dem Eischnee in die Masse einrühren.

Den Teig in eine flache Obsttorten- oder Springform drücken, den Teigrand etwas hochziehen und mit den Früchten (Marillen, Äpfel oder Birnen) belegen. Bei 180 °C wird der Kuchen gut eine Stunde im vorgeheizten Backofen gebacken.

KIRSCHEN-TOPFEN-PARFAIT

400 g Kirschen
(ohne Kerne)
110 g Zucker
90 ml Wasser
20 ml Kirschschnaps
250 g Topfen, mager
10 g Vanillezucker
Saft von ½ Zitrone
150 g Obers

Rehrückenform und
Klarsichtfolie
Kirschen zum Garnieren

Die Rehrückenform mit Klarsichtfolie auslegen und im Kühlfach kalt stellen.

Die gewaschenen und entkernten Kirschen mit Zucker vermischen und im Wasser 2–3 Minuten aufkochen lassen. Danach den Kirschschnaps zugeben und auskühlen lassen.

Den Topfen mit Vanillezucker und Zitronensaft glatt rühren; das Obers halbsteif schlagen und mit der Topfenmasse verrühren; zuletzt die Kirschen zugeben, gut vermengen und in die vorbereitete Form füllen. Die Form mit der Folie abdecken und im Gefrierfach ca. 6 Stunden frieren.

Die Form aus dem Gefrierfach nehmen, kurz in heißes Wasser tauchen und stürzen.

Das Parfait mit einem in heißes Wasser getauchten Messer in Portionen schneiden, auf gekühlten Tellern anrichten und mit frischen Kirschen garnieren.

HEIDELBEERSOUFFLÉ (für 4–6 Personen)

Dotter und Zucker schaumig rühren. Salz und Topfen dazurühren, Rahm und 200 g Mehl oder 100 g Grieß unterrühren und den Teig 30 Minuten stehen lassen.

Hernach wird der Eischnee von den Eiklar untergehoben und die Masse in eine runde Auflaufform gegeben. Zum Schluss werden die Heidelbeeren darübergestreut und leicht untergerührt. Die Beeren sollten nicht zerrührt werden.

45 Minuten bis 1 Stunde bei 170 °C backen. Am Teller eventuell noch mit Staubzucker bestreuen.

3 Dotter
4 EL Zucker
1 Prise Salz
1 kg Topfen
125 ml Rahm
200 g Mehl oder
100 g Grieß
3 Eiklar
500 g Heidelbeeren

Variante: Himbeeren, Apfelscheibchen oder Birnenstückchen anstelle der Heidelbeeren und dazu Streuzucker mit Zimt drüberstreuen.

SCHAFKÄSE-AUFLAUF

Eine geeignete Auflaufform mit Butter ausstreichen, mit Zucker ausstreuen und kalt stellen.

Das Backrohr auf 160 °C vorheizen.

Den Schafkäse mit Topfen, Dottern, Staubzucker und Speisestärke in einem Schneekessel schaumig schlagen. Die Eiklar mit Zitronensaft und Kristallzucker zu steifem Schnee schlagen, mit der Schafkäsemasse vermischen und in die vorbereitete Form füllen.

Einen Rand aus Backpapier in die Form setzen. Den Auflauf im Backrohr 20 Minuten backen, danach aus dem Backrohr nehmen, das Papier entfernen und den Auflauf mit Zucker bestreuen.

100 g Schafkäse
60 g Topfen
4 Dotter
80 g Staubzucker
1 EL Speisestärke
6 Eiklar
etwas Zitronensaft
60 g Kristallzucker

Butter und Zucker für die Form
Zucker zum Bestreuen
Backpapier

Schafkäse-Auflauf

TOPFENTORTE

250 g Mehl
125 g Butter
2 EL Zucker
1 Pkg. Vanillezucker
1 Ei
1 Schuss Weißwein oder
Wasser

Fülle
500 ml Vanillepudding
4 EL Zucker
1 Pkg. Vanillezucker
500 g feiner Topfen
5 Dotter
250 ml Schlagobers
1 EL warmes Wasser
5 Eiklar
Kirschen, Physalis oder
Rosinen nach Belieben

Machen Sie aus Mehl, Butter, Zucker, Vanillezucker, Ei und dem Schuss Weißwein oder Wasser einen Mürbteig, legen Sie damit eine Kuchenform aus und ziehen Sie den Teigrand hoch hinauf.

Als Fülle benötigen Sie Vanillepudding von 500 ml Milch. Dazu geben Sie dann Zucker, Vanillezucker, feinen Topfen, Dotter, Schlagobers und warmes Wasser. Mixen Sie diese Masse. Zum Schluss ziehen Sie den steifen Schnee von den Eiklar unter und füllen die Form. Nun geben Sie nach Belieben Früchte oder Rosinen in die Fülle.

Nach 20 Minuten Backzeit lösen Sie den Kuchenrand vorsichtig von der Form, nach weiteren 25 Minuten Backzeit überstreichen Sie den Kuchen mit der restlichen Schneemasse, in die Sie etwas Zucker eingerührt haben.

Nun backen Sie den Kuchen noch etwa 15 Minuten vorsichtig fertig.

*Topfentorte garniert
mit Physalis*

TOPFENGRATIN MIT ERDBEEREN UND MANGOFILETS

Die Eier in Dotter und Klar trennen. In einem Schneekessel den Topfen mit Dottern, Staubzucker, Zitronensaft, Maisstärke, Rum und Vanillezucker glatt rühren.

Die Eiklar mit dem Kristallzucker zu steifem Schnee schlagen und unter die Topfen-Dottermasse heben.

Das Backrohr auf 180 °C vorheizen (nur Oberhitze). Die Mango schälen und in 16 Filets schneiden. Die Erdbeeren waschen, entstielen und halbieren.

Tiefe Teller mit Butter ausstreichen, jeweils die Topfenmasse einfüllen, mit Mangofilets und Erdbeeren belegen und im Backrohr überbacken.

Vor dem Servieren das Dessert mit Staubzucker bestreuen.

2 Eier
250 g Topfen, mager
40 g Staubzucker
Saft von 1 Zitrone
25 g Maisstärke
1 EL Rum
1 TL Vanillezucker
50 g Kristallzucker
1 reife Mango
8 Erdbeeren
Butter für den Teller
Staubzucker zum Bestreuen

KÄSEKUCHEN (für 8 Portionen)

Das Backrohr auf 150 °C vorheizen. Den Zwieback mit einem Nudelwalker in einem Plastiksack zerbröseln, die Zwiebackbrösel in eine Schüssel geben und mit 2 EL von der Butter und 2 EL vom Zucker gut vermischen. Mit dieser Mischung den Boden einer Tortenspringform auslegen und gut andrücken.

Topfen, restliche Butter und Zucker, Zitronensaft, Zitronenschale und Eier in einem Schneekessel gut vermischen.

Die Topfenmasse auf den Zwiebackboden gießen und den Kuchen im Backrohr 45 Minuten backen.

Den Kuchen aus dem Backrohr nehmen, mit einem scharfen Messer den Tortenrand ausschneiden und den Tortenreifen abheben. Den Kuchen noch warm in gewünschte Portionen schneiden und servieren.

9 Stück Zwieback
40 g Butter
135 g Zucker
500 g Topfen, mager
1 EL Zitronensaft
Schale von 1 Zitrone
5 Eier

Tortenspringform 24 cm Durchmesser

MELONE MIT TOPFENFÜLLE

Die Zucker- oder Honigmelone halbieren, die Kerne entfernen und das Fruchtfleisch zu 2/3 vorsichtig mit dem Löffel aushöhlen. Dieses wird kleinwürfelig geschnitten und mit dem Zucker, dem Zitronensaft, dem feinen Topfen, den Himbeeren [für Erwachsene eventuell 1 Stamperl (Gläschen) Himbeergeist] gut vermischt.

Die Melonenhälften werden mit der Masse gefüllt, mit einer Frischhaltefolie verschlossen und 1 Stunde in den Kühlschrank gestellt. Danach sehr kalt servieren.

1 Zucker- oder Honigmelone
1–2 EL Zucker
Saft von ½ Zitrone
125 g feiner Topfen
100 g Himbeeren
für Erwachsene ein Stamperl Himbeergeist

Varianten: Statt Himbeer- kann Marillengeist oder Armagnac genommen werden. Statt Himbeeren können Marillen, Kiwis oder Heidelbeeren verwendet werden.

TOPFEN-PFIRSICHCREME (für 3–4 Portionen)

250 g Topfen
125 ml Joghurt
etwas Buttermilch oder
Milch
3–5 Pfirsiche
1 EL Zucker
Zitronensaft
Biskotten (Löffelbiskuit),
Minzeblätter und
geschlagenes Schlag-
obers zum Garnieren

Topfen wird mit Joghurt, Buttermilch oder Milch sowie einem Püree von den Pfirsichen, dem Zucker und etwas Zitronensaft gut gemixt.

Die Creme wird in Glasschüsseln serviert und kann mit jeweils 3 Biskotten oder Pfirsichstücken, einem Minzeblatt sowie einer Schlagobersrosette verziert werden.

Variante: Obiges Rezept, jedoch mit Beeren oder Obst der Saison.

TOPFENKUGELN FÜR DIE KÄSEPLATTE

50 g Butter
100 g weicher Topfen
100 g geriebener
Hartkäse
Salz und Kümmel
geriebene Walnüsse

Butter weich rühren und weichen Topfen sowie geriebenen Hartkäse, Salz und Kümmel unterrühren. Kugeln formen und in geriebenen Walnüssen wälzen.

Man kann die Kugeln auch in Parmesan, Kräutern oder Paprika wälzen.

TOPFENNOCKERLN

250 g Topfen
250 ml Joghurt
etwas Zucker
4 Blatt Gelatine
125–250 ml Schlag-
obers
500–750 g Himbeeren
Minzeblätter und
Früchte zum Garnieren

Topfen und Joghurt werden mit etwas Zucker gemischt. Die Gelatineblätter werden in kaltem Wasser eingeweicht, dann in etwas heißem Wasser geschmolzen und unter die Masse gerührt. Nun wird das geschlagene Schlagobers vorsichtig untergemischt und alles 2 Stunden kalt gestellt.

Die Himbeeren werden passiert und etwas gezuckert.

Die kalten, mit einem großen Löffel ausgestochenen Nockerln werden auf die Teller gelegt, die Himbeersauce darübergegossen und das Gericht mit Minze und Früchten verziert.

Topfennockerln auf
Himbeersauce garniert
mit Minzeblättern und
Erdbeeren

TOMATENSCHIFFCHEN FÜRS KALTE BUFFET

Feste Tomaten in Viertel teilen und die Kerne ausheben. Würzigen Ziegenkäse oder Gorgonzola mit einer Gabel zerdrücken, Topfen, Salz und
Pfeffer daruntermischen.

Die Tomaten mit 2 kleinen Löffeln füllen und obenauf ein kleines Blatt
Petersilie stecken.

2 Tomaten
50 g Ziegenkäse oder
Gorgonzola
100 g Topfen
Salz und Pfeffer
Petersilie zum Garnieren

> **TIPP** | **Verwendungsmöglichkeit**
>
> Sollte (Käse-)Fülle überbleiben, kann sie als Brotaufstrich verwendet
> werden.

GEFÜLLTE TOMATEN (für 2 Personen)

Den oberen Teil der Tomaten abschneiden und diese mit einem Löffel
aushöhlen. Auf ein Backblech stellen.

Frischkäse oder Topfen mit Salz und Kürbiskernöl vermischen, kleingeschnittene Fetawürfel unterrühren und in die Tomaten einfüllen. Bei
180 °C backen.

Vor dem Servieren mit gehackten Kürbiskernen, Petersilie, Kresse,
Basilikum oder Rucola verzieren.

Die übriggebliebene Fülle kann gemixt als Brotaufstrich Verwendung
finden.

Statt Tomaten können Paprika oder kleine Zucchini gefüllt werden.

4 große Tomaten
250 g Frischkäse oder
Topfen
Kürbiskernöl
100 g Feta
Petersilie, Kresse,
Basilikum, Kürbiskerne
oder Rucola zum
Garnieren

*Gefüllte Tomate (links)
und gefüllter Paprika
(rechts) sind angerichtet.*

TOPFENDIP

Topfen wird mit Sauerrahm cremig gerührt und mit Kräutern nach eigenem Gutdünken gewürzt.

TIPP | **Topfendip als Fernsehsnack**

Statt beim Fernsehen oder bei Partys Salzgebäck und Süßigkeiten zu knabbern, kann man geschnittene Gemüsestreifen (Paprika, Karotten, Gurken, Sellerie, Fenchel) herrichten, die in die Topfensauce getaucht werden und so auch kalorienbewussten Genießern das Knabbern erlauben.

Aufstriche

GORGONZOLA-TOPFENAUFSTRICH

250 g Topfen wird mit einem Eck zerdrücktem Gorgonzola abgemischt. Er wird vor dem Verzehr zur besseren Geschmacksentwicklung 1 Stunde stehen gelassen.

GEBACKENE ZWIEBEL

Gorgonzola-Topfen-Aufstrich (links), gebackene Zwiebel (rechts)

Eine große Zwiebel wird ausgehöhlt und ¼ Stunde vorgebacken. Dann füllt man die Gorgonzolafülle (siehe Gorgonzola-Topfen-Aufstrich) ein, legt noch ein Stück Käse und einige Kürbiskerne darauf und bäckt sie fertig.

WEISSER TOPFENAUFSTRICH

Fettreichen Topfen oder Magertopfen, der eventuell mit Crème fraîche, Joghurt oder etwas Mineralwasser weich gerührt wurde, salzen, mit weißem Pfeffer würzen, 2 Knoblauchzehen hineinpressen und gut verrühren.

LIPTAUER

Topfen, feingeschnittene Zwiebel, kleingeschnittene süß-saure Essiggurkerln, eventuell Kapern, etwas Senf, Salz und rote Paprikawürze gut abmischen.

WEISS-GRÜNER KRÄUTERTOPFEN

250 g Topfen wird mit etwas Sauerrahm cremig gerührt, gesalzen und fein geschnittener Schnittlauch ausgiebig untergemischt.

Anstelle von Schnittlauch kann im Frühjahr auch Bärlauch verwendet werden.

EXOTISCHER TOPFENAUFSTRICH

Vermengen Sie alle Zutaten gut miteinander.

Variante: Statt eine Banane zu verwenden, können Sie auch einige Mandarinenspalten klein schneiden und unter den Aufstrich mischen. Auch getrocknete Marillen oder gehackte Rosinen können hier beigemengt werden. Probieren Sie auch einmal Kokosflocken statt der Mandelsplitter. (Quelle: „Coole Rezepte für Jausen, Pausen und Feste", Ingeborg Hanreich und Britta Macho, siehe Literaturverzeichnis.)

250 g Topfen
1 EL Mineralwasser
½ fein geraspelter Apfel
¼ zerdrückte Banane
1 TL Zitronensaft
1 TL Curry
1 TL fein gehackte Mandelblättchen

Exotischer Topfenaufstrich (oben), Liptauer (links), weiß-grüner Kräutertopfen (rechts)

ROTER TOPFENAUFSTRICH

1 kleine bis mittlere
Rote Rübe (Rote Bete)
250 g Topfen, Gervais
oder Frischkäse
Kren, Salz
Petersilie, Pfeffer

Die gekochte Rote Rübe klein schneiden und mit dem Frischkäse und dem Kren pürieren. Mit Salz, Pfeffer und fein gehackter Petersilie würzen.

BUNTER TOPFENAUFSTRICH

250 g Topfen
etwas Salz
je 1 grüne, rote und
gelbe Paprikahälfte
frische Petersilie
fein geschnittene Zwiebel

Der Topfen wird mit etwas Salz abgemischt. Grüne, rote, gelbe Paprikahälften werden sehr fein geschnitten und mit feingehackter frischer Petersilie und sehr fein geschnittener Zwiebel in den Topfen eingerührt.

GRÜNER TOPFENAUFSTRICH

2 EL geriebene
Kürbiskerne
2 EL Kürbiskernöl
250 g Magertopfen
Salz, Pfeffer
2 Knoblauchzehen
1 kleine Zwiebel
1–2 Kartoffeln

Kürbiskerne werden mit dem Kürbiskernöl mit dem Stabmixer gemixt. Magertopfen, Salz, Pfeffer gut abmischen. Die gepressten Knoblauchzehen sowie 2 EL feinst geschnittene Zwiebel und die Kürbiskernmasse werden gut verrührt. 1–2 gekochte Kartoffeln strecken den Aufstrich.

GELBER TOPFENAUFSTRICH

3 Eier
250 g Topfen
etwas Sauerrahm
2 Essiggurken
Salz
etwas Knoblauch

Eier kochen und fein hacken oder passieren. Mit dem Topfen, etwas Sauerrahm, den klein geschnittenen Essiggurken, Salz sowie gepresstem Knoblauch nach Geschmack gut mischen.

*Grüner, gelber, roter und
bunter Topfenaufstrich*

Käse

Allgemeines

Seit Urzeiten ist die Verkäsung von Milch zur Haltbarmachung des Milcheiweißes bekannt. Bereits in 4.000 Jahre alten ägyptischen Gräbern hat man Käsereste gefunden und auch die alten Germanen kannten schon einen Topfenkäse.

Weltweit gibt es weit über 4.000 verschiedene Käsesorten, und das Verkäsen der Milch ist ein unerschöpfliches Gebiet. Um diesem Kapitel in einer kurzen Darstellung annähernd gerecht zu werden, können wir nicht auf die einzelne Machart aller Käsesorten eingehen. Viele zusätzliche Rezepte sind im Buch „Käsen leichtgemacht" sehr genau beschrieben. Hier behandeln wir nur allgemein den komplexen Prozess der Verkäsung, einige Hausmittel und Rezepte.

Die gesäuerte oder dickgelegte Milch wird, um die Molke vom Eiweiß zu trennen, in Formen gepresst. Nach einer bestimmten Behandlung des Käserohlings und einer unterschiedlichen Reifungszeit wird der Käse genussreif. Die Verkäsung ist einerseits ein einfacher, andererseits jedoch ein komplexer Prozess, bei dem es zum Teil auf alte Rezepturen und Erfahrung, zum anderen Teil auf genaueste Einhaltung von Hygiene, Temperatur, Be- und Verarbeitungszeit sowie auf die zugefügten Bakterienstämme, den Reifungsraum, die Reifungszeit und die Lagerung ankommt.

Was geschieht mit der Milch während des Verkäsens?

Bei der Dicklegung der Milch durch Säuerung, Labzusatz oder einer Kombination davon gehen Kalzium und Eiweiß eine Verbindung ein. Sie bilden ein Molekülgerüst, das Molke einschließt. Beim Schneiden oder Rühren des Bruchs wird das Kalzium-Eiweiß-Gerüst zerstört und die Molke kann

*Variation aus Weich-
und Schnittkäse*

austreten. Das Entmolken geschieht im Käsekessel, im Tuch oder in der Käseform durch das Eigengewicht oder durch Pressen und Umlegen.

Molke ist ein Nebenprodukt bei der Käseherstellung.

Molke wird rasch von der Käsemasse getrennt und ist ein Nebenprodukt bei der Käseherstellung. In die Molke gehen Wasser, Molkeneiweiß, wasserlösliche Vitamine, etwas Kalzium und Mineralsalze ab. Im Käse verbleiben dagegen Casein, Kalzium, Fett, Wasser und vorwiegend fettlösliche Vitamine.

Käse im Handel

Es gibt verschiedene heimische und europäische Käsesorten im Handel. Doch wo Qualität vorhanden ist, gibt es auch Nachahmer. Bevor wir also einzelne Käsesorten und deren Zubereitung erklären, möchten wir gerne noch ein paar Worte zu Kunstkäse sagen.

Käse-Imitate

Pizza mit Käse zählt zu den Lieblingsspeisen von Groß und Klein. Doch Käse ist nicht immer Käse. Gerade in der Gastronomie und im Außer-Haus-Verzehr wird oft Analogkäse (auch als Käse-Imitat oder Kunstkäse bezeichnet) verwendet. Grundsätzlich ist zu sagen, dass Analogkäse zur

Zeit nicht als gesundheitsschädlich eingestuft wird. Verbraucher wurden allerdings in der letzten Zeit getäuscht und wussten oft nicht darüber Bescheid, ob sie Kunstkäse konsumierten.

Leider ist der Kunstkäse von echtem Käse optisch und geschmacklich nicht zu unterscheiden. Nur durch einen Blick auf die Zutatenliste kann man feststellen, worum es sich tatsächlich handelt. Gerade in der Gastronomie und beim Außer-Haus-Verzehr ist dies allerdings nicht möglich.

In Österreich werden derzeit jährlich rund 15.000 Tonnen Kunstkäse hergestellt. Der Käsekonsum in Österreich liegt bei rund 160.000 Tonnen im Jahr. Dennoch lassen sich mit der geschätzten Menge Käse-Imitat laut AMA rund 60 Millionen Pizzen belegen.

Woraus besteht Kunstkäse?

Der sogenannte Kunstkäse wird meist aus Wasser, Eiweiß, Pflanzenölen und Stärke hergestellt. Meist wird das Milchfett durch Pflanzenfett ersetzt – manchmal wird auch das Milcheiweiß ersetzt. Um den Kunstkäse an Parmesan, Emmentaler, Mozzarella, Feta oder Camembert sowohl geschmacklich als auch optisch anzupassen, sind Emulgatoren, Aroma- und Farbstoffe sowie Salz und Geschmackverstärker zugesetzt.

Bei „Kunstkäse" wird das Milchfett durch Pflanzenfett ersetzt.

Da kein Reifungsprozess notwendig ist, ist die Herstellung deutlich rascher und auch kostengünstiger als bei echtem Käse. Außerdem ist er länger haltbar und lässt sich leichter verarbeiten, da Kunstkäse bis zu 400 °C im Ofen aushält, während herkömmlicher Käse bis zu max. 200 °C toleriert.

Ob es sich auf einer belegten Pizza, in einem Cordon bleu oder auf einem Käseweckerl aus der Bäckerei um ein Käseimitat handelt, ist schwierig zu erkennen. Hellhörig sollte man werden, wenn in der Speisekarte nur das Wort „überbacken" angegeben ist oder die Bezeichnung „Käse" einfach fehlt.

Bei Imitaten darf die Bezeichnung „Käse" nicht verwendet werden, man liest daher im Handel z. B. „Streufertiger Backbelag für Pizza", „Bäckermischung", „Pizzamix", „Gastromix". Auf der Zutatenliste müssen die Bestandteile des Imitats – also pflanzliche Fette, Stärke usw. – angegeben sein. Wird Milchkäse gestreckt, so steht oftmals für den Konsumenten die irreführende Bezeichnung „Käsezubereitung" oder „mit Käse zubereitet".

Bei Imitaten darf die Bezeichnung „Käse" nicht verwendet werden.

Für die Industrie und Fast-Food-Gastronomie bietet Kunstkäse durchaus Vorteile. Wer jedoch auf Qualität Wert legt und ohne Zusatzstoffe auskommen möchte, sollte lieber zu dem natürlichen heimischen Milchprodukt greifen.

Einteilung von Käse

Die Vielfalt der echten Käsesorten am Markt kann in mehr als einer Weise nach verschiedenen Faktoren eingeteilt werden. Bestimmend für die Käsesorten sind:

■ **Der restliche Wasser- bzw. Molkegehalt**

Dieser bestimmt die Dauer der Haltbarkeit. Je mehr Molke im Käse verbleibt, desto weicher ist dieser und desto geringer ist seine Haltbarkeit. In Frischkäse ist der Wassergehalt am höchsten und die Lagerfähigkeit am geringsten. In Parmesan hingegen verhält es sich umgekehrt. Zwischen diesen Extremen gibt es eine schier unendliche Fülle verschiedenster Käsesorten.

Durch den hohen Wassergehalt von Frischkäse ist die Lagerfähigkeit gering.

■ **Der Fettgehalt**

Es gibt mageren Käse, aus Magermilch oder Magertopfen hergestellt, und unterschiedlich fettreichen Käse. Die Bezeichnung F. i. T. gibt an, wie viel % Fett in der Trockenmasse des Käses enthalten sind. Das ist etwas verwirrend und erfordert einige Umrechnungskünste, damit Sie den absoluten %-Anteil von Fett im Käse erfahren. So ist in Frischkäse sehr viel Molke enthalten, die die Trockenmasse verringert. Daher ist z. B. bei angegebenen 40 % F. i. T. im Frischkäse und Topfen nur ein Anteil von etwa 10 g Fett in 100 g enthalten, während bei 40 % F. i. T. im Emmentaler ungefähr 25–30 g Fett in 100 g Käse und bei getrocknetem, geriebenem Parmesan mit 40-%-F.-i.-T.-Angabe wirklich fast 40 g Fett in 100 g enthalten sind. Fettreiche Käsesorten haben gegenüber den mageren einen Geschmacksvorteil.

Fettreiche Käsesorten sind geschmackvoller.

Nach den **Fettgehaltsstufen** wird der Käse folgendermaßen eingeteilt:
- Überfettstufe (Rahmstufe): mindestens 55 % F. i. T.
- Vollfettstufe: mindestens 45 % F. i. T.
- Dreiviertelfettstufe: mindestens 35 % F. i. T.
- Halbfettstufe: mindestens 25 % F. i. T.
- Viertelfettstufe: mindestens 15 % F. i. T.
- Magerstufe: mindestens 4 % F. i. T.

■ **Die Art der Stockung der Milch**
- **Labkäse:** Hier wird die Milch durch Zugabe von Lab rasch gestockt, ohne dass sie sauer wird. Die gestockte Milch wird auch Dickete oder Stockete genannt.
- **Sauermilchkäse:** z. B. Topfen. Hier wird die Milch durch Säuerung gestockt.

- **Käse durch Lab-Säuerung**, also eine Kombination von beidem, bei der während der Säuerung eine Stockung durch Labzusatz erreicht wird.

Die Weiterverarbeitung der gestockten Milch ist dann wieder von Sorte zu Sorte verschieden:

■ Die Reifungszeit und Haltbarkeit

- **Frischkäse** wird in 1–3 Tagen zum Verzehr fertig sein und ist auch zum sofortigen Konsum gedacht. Im Kühlschrank hält der selbst gemachte, fertige Frischkäse ohne Haltbarkeitsmittel 3–4 Tage, wenn er gut verschlossen aufbewahrt wird. Er säuert nach und verdirbt rasch, wenn er nicht ganz sorgfältig gelagert wird.

- **Weichkäse** wird in etwa 3 Wochen fertig gereift sein. Angeschnitten hält er etwa 10 Tage im Kühlschrank. Er sollte zur vollen Aroma- entwicklung 1–2 Stunden vor dem Verzehr aus dem Kühlschrank genommen werden. Um Weichkäse länger haltbar zu machen, kann man ihn vor oder nach der Reifung – gut in Wachs eingehüllt – bei +5 °C einige Monate in Spezialkühlschränken lagern.

- **Schnittkäse** reift in 1–3 Monaten zum fertigen Käse und hält an- geschnitten im Kühlschrank etwa 10 Tage. Auch diesen Käse sollte man 1–2 Stunden vor dem Verzehr aus dem Kühlschrank nehmen, damit er sein volles Aroma entwickeln kann.

In Öl eingelegter Frisch- käse hält sich so im Kühl- schrank einige Wochen.

- **Hartkäse** benötigt 4–6 Monate (Almkäse) bzw. bis zu 3 Jahre (Parmesan) Reifungszeit und ist daher wesentlich länger haltbar als Schnittkäse. Stets ist aber zu bedenken, dass der Käse gut verschlossen im Kühlschrank oder entsprechend gut verwahrt in einem eigenen Käsekellerraum gelagert werden sollte.

Verschiedene Arten Frischkäse, am Bauern- markt angeboten.

■ Die Verarbeitungstechnik

Es ist nicht gleich, ob man den Käsebruch schneidet oder rührt, ob man ihn im Tuch oder in der Form entmolkt, ob man ihn presst oder nicht. Durch die unterschiedliche Entmolkungszeit gibt es auch unterschiedliche Geschmacksnuancen. Bei langsamer Entmolkung säuert der Käse länger weiter. Bei schnellerer Entmolkungszeit wird wenig weitergesäuert und die Reifung wird durch Salzen und Lagerung erzielt.

Bei langsamer Entmolkung säuert der Käse länger weiter.

■ Die Verarbeitungstemperatur und die daraus abgeleitete Verarbeitungszeit

- Niedere Temperaturen lassen die Milch während der Bearbeitung langsam und länger säuern. So entstehen Topfen und Frischkäse.
- Mittlere Temperaturen ergeben eine schnellere Abfolge der einzelnen Arbeitsschritte und werden für Weich- oder Schnittkäse verwendet.
- Höhere Temperaturen verkürzen dementsprechend die Verarbeitungszeit und damit auch den Säuerungsprozess. Dies erfordert später eine längere Reifungszeit. So entsteht Hartkäse, wie z. B. Emmentaler, Gruyère oder Parmesan.

■ Die zugegebene Salzmenge und die Art des Salzens

Ob der Käse nass, also im Wasserbad, oder trocken, durch Einreiben, gesalzen wird, ist von Rezept zu Rezept verschieden.

■ In welchem Kessel erfolgt die Verarbeitung

- Kupferkessel: Wenn – wie früher meist und heute wieder vermehrt – Käse im Kupferkessel zubereitet wird, enthält er einen etwas erhöhten Kupfergehalt.
- Emaillierte Kessel: Der Käse bleibt geschmacksneutral.
- Vezinkte Eisenkessel sind nur zu empfehlen, wenn sie wirklich gut verzinkt sind und dennoch kann sich Metall- oder Eisengeschmack bemerkbar machen.
- Edelstahlkessel sind die heute am häufigsten verwendeten Kessel.

Bei verzinkten Eisenkesseln kann sich Metall- und Eisengeschmack im Käse bemerkbar machen.

■ Die zugesetzten Säure- oder Pilzkulturen

Die Kulturen bestimmen die Geschmacksausbildung des Käses.

■ Die beigemengten Gewürze

Hier sind der eigenen Kreation beim Selbstmachen fast keine Grenzen gesetzt. Werden für den Frischkäse Kümmel, Knoblauch, Dill oder Herbes de Provence bzw. sonstige Kräutermischungen verwendet, so ergibt das mit kleinen Kunstgriffen eine Vielfalt für die Käseplatte.

Obwohl für Sie nun die Verarbeitung von Milch zu Käse wegen ihrer Komplexität sehr schwierig aussehen mag, ist mit einfachsten Mitteln und nach einfachsten Rezepten seit vielen Jahrhunderten hervorragender Käse gemacht worden.

Erfahrung und Genauigkeit, großes Können und Einhaltung der Hygiene sind mitbestimmend für gute Käsequalität. Die großtechnologischen Möglichkeiten von Molkereien in der heutigen Zeit haben Verfahren entwickelt, die es ermöglichen, stets gleichbleibenden Geschmack einer Sorte über viele Produktionschargen hinweg zu erzielen. Dabei wird nach genauen Rezepturen für jede Sorte und mit dem Einsatz von Zusätzen, wie speziellen Kulturen und Käsereisalzen, sowie mit exakter Computerüberwachung von Hygiene, Zeit und Temperatur gearbeitet.

> Erfahrung, Können und Hygiene sind für eine gute Käsequalität ausschlaggebend.

Hausgemachter Käse bzw. Almkäse dagegen wird auch innerhalb einer Sorte an verschiedenen Tagen selten den ganz gleichen Geschmack aufweisen. Schon die naturbelassene Milch von Kühen aus nur einem Stall wird – bei unterschiedlichem Futterangebot – abweichende Geschmacksnuancen im Käse hervorrufen. Gerade diese Feinheit im Geschmack, die Natürlichkeit und Unterschiedlichkeit der einzelnen Käse ist für Käse-Gourmets, die nur das Feinste vom Feinen genießen wollen, ausschlaggebend. Genießen also auch Sie selbst gemachten Käse als Wohltat für Ihren Gaumen und für Ihre Gesundheit!

> Unterschiedliches Futterangebot kann abweichende Geschmacksnuancen im Käse hervorrufen.

So wird's gemacht

Frischkäse

Milch vom Bauern, möglichst gleich nach dem Melken, oder pasteurisierte, leicht angewärmte (20–28 °C) Milch wird mit 2–3 EL eines guten „Säureweckers" (frische Buttermilch, Sauerrahm oder Sauermilch) pro Liter Milch versetzt und, mit einem Tuch abgedeckt, an einem warmen, hygienisch sauberen Ort aufgestellt.

Nach ½ Stunde gibt man 4–6 Tropfen Labextrakt je Liter Milch – in etwas lauwarmem Wasser aufgelöst – dazu, verrührt und lässt die Milch wieder abgedeckt stehen.

Nach einigen Stunden ist die Milch puddingartig eingedickt. Nun schneidet man mit einem langen Messer, das bis zum Boden reicht, in Abständen von 5 cm diese „Dickete" durch, sodass Quader entstehen. Wieder abgedeckt, wartet man, bis die Molke sichtbar ausgetreten ist und sich die Käsewürfel etwas verfestigt haben.

> Nach einigen Stunden Labeinwirkung ist die Milch puddingartig eingedickt.

Jetzt wird abgefüllt. Sie benötigen dazu ein Käsetuch (neue Windel oder Gaze- oder Leinentuch – Vorbereitung siehe Kapitel „Topfen", S. 101 f.), in das Sie die Käsemasse einfüllen und sie anschließend wie

Für Frischkäse geschnittene Dickete

Frischkäse wird abgefüllt und dazwischen werden verschiedene Kräuter gestreut.

Nach dem Abtropfen der Molke den Käse obenauf leicht salzen.

bei Topfen über einem Topf, der die Molke auffängt, aufhängen. Nach etwa 3 Stunden wird die Käsemasse vom Tuch gelöst und im Tuch etwas gedreht, damit daraus eine Kugel wird.

Haben Sie jedoch gelochte, konische Frischkäseformen, so füllen Sie die Masse gleich dort ein und stellen Sie diese zum Abtropfen der Molke auf ein schräg gestelltes Brett oder ein Gitter über einem Topf. So kann die Molke aufgefangen werden.

Am nächsten Tag wird der Käse aus dem Tuch oder der Form auf ein Brettchen gestürzt, sobald dies möglich ist, ohne dass er seine Form verliert. Große Käsekugeln können halbiert oder in ca. 3 cm dicke Scheiben geschnitten werden. Nun wird er obenauf mit grobem Salz leicht gesalzen und wieder auf das Brettchen gelegt.

Am darauffolgenden Tag wird er umgedreht und obenauf wieder gesalzen. Nach einem weiteren Tag ist der Frischkäse fertig.

Wird der Frischkäse aus Diätgründen nicht gesalzen, ist er, wenn er aus der Form oder dem Tuch genommen wird, sofort zu verzehren. 2–3 Tage kann er jedoch, mit Molke bedeckt eingelegt, verschlossen und kühl gelagert werden.

Weichkäse

Die ersten Arbeitsschritte sind gleich wie beim Frischkäse. Jedoch wird die Milch bei 28–30 °C mit einem Säurewecker versetzt und nach einer halben Stunde mit 4–6 Tropfen Labextrakt je Liter Milch – in etwas Wasser aufgelöst – eingelabt. In kurzer Zeit ist die Milch dick. Nun schneidet man mit einem langen Messer längs und quer im Abstand von 3–5 cm große Würfel oder man verschöpft mit einem flachen Schöpfer. Nach 10–15 Minuten schneidet man die Masse nochmals oder verschöpft neuerlich.

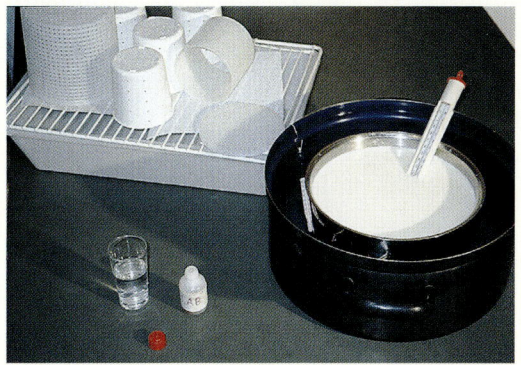

Vor dem Einlaben Temperaturkontrolle sowohl
der Milch wie auch des Wasserbades.

Milch für Weich-, Schnitt- oder Hartkäse
wird mit verdünntem Lab eingelabt.

Schneiden der Dickete für Weich-,
Schnitt- oder Hartkäse.

Weichkäsebruch wird durch Umlegen
zerkleinert.

Bruch von Schnitt- und Hartkäse wird hingegen
gerührt und dabei weiter gebrochen.

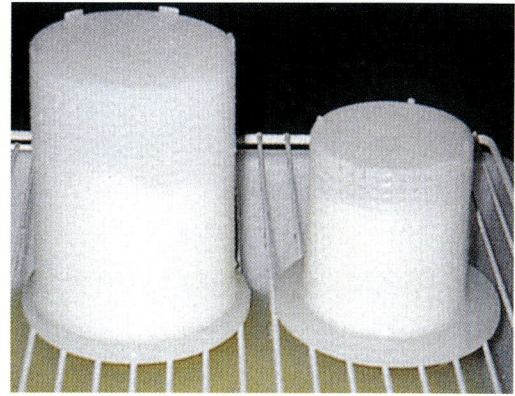

Der Käse ist das erste Mal gewendet.

Nach weiteren 10–15 Minuten schneidet man horizontal bzw. wiederholt das Verschöpfen (Umschöpfen). Dann wird in Weichkäseformen abgefüllt. Ist der Käse fest genug, wird er mit der Form auf ein Brettchen gestürzt.

Am nächsten Tag kann man die Form entfernen. Der Käse wird rundum gesalzen und wieder aufs Brettchen gelegt. Nach einem weiteren Tag wird er nochmals gesalzen und umgedreht. Tags darauf ist der Käserohling fertig.

Diesen kann man nun

- schon so, wie er ist, verwenden;
- gleich, also ungereift, in Stücke schneiden und diese in Gewürzöl einlegen und kühl lagern;
- an zwei folgenden Tagen salzen. Dann, wenn er wieder trocken ist, kühl lagern (bei 5 °C über einige Monate) und erst 3 Wochen vor dem Verbrauch bei 14 °C voll ausreifen lassen;
- zum Reifen im Reifungsraum auflegen und schmieren, bis er eine Rinde hat. Täglich wird der Käse gewendet und geschmiert. (Schmieren bedeutet, den Käselaib zuerst täglich und später, wenn sich schon etwas Rinde gebildet hat, in immer größer werdenden Abständen mit etwas Salzwasser – das nicht gewechselt werden sollte – einreiben. Dabei wird der Käselaib umgedreht gelagert. So reift der Käse gleichmäßig aus.)
- Wenn Sie Camembert erzeugen wollen, mischen Sie bereits Camembertkulturen mit dem Säurewecker in die Ausgangsmilch, die fettreich sein sollte. (Zur Not und für eigene Versuche können Sie auch von der Rinde eines frischen, guten Camemberts die Kultur selbst gewinnen.) Ist der Käserohling fertig, besprüht man diesen außen mit in Wasser aufgelösten Camembertkulturen und lagert ihn in einem separaten Reifungsraum oder -schrank auf einem Gitter. Das kann z. B. für erste Versuche eine Plastikdose sein, bei der der Deckel – mit einem Zahnstocher gesichert – nicht ganz dicht zugemacht werden soll (sogenannter Schneewittchensarg). Während der dreimonatigen Reifungszeit wird der Käse täglich umgelegt und anfangs nochmals mit Camembertkultur besprüht. Bildet sich ein „Rasen", wird der Käse nur mehr gewendet und bis zur Vollreife gelagert.

Die Reifung des Weichkäses dauert etwa 3 Wochen und wird – unter genauer täglicher Beobachtung, Umlegen, Schmieren des Käselaibes – in einem Reifungsraum erfolgen. Bei der Reifung tritt aus dem Käse Wasser aus, Salz geht in den Käse hinein, und der Geschmack wird würzig.

*So sieht der fertige
Hartkäse aus.*

Hartkäse

Die Anfangschritte sind ähnlich wie bei Frisch- oder Weichkäse. Abweichend ist die Einlabtemperatur. Diese beträgt 32–34 °C, bei manchen Sorten auch darüber. Nach dem Einlaben wird die Käsemasse sehr schnell fest, was mit der Messerprobe feststellbar ist. Geschnitten wird mit einer sogenannten Käseharfe, eventuell mit einem Käsemesser, im Abstand von 0,5 und 1 cm dreimal – also längs, quer und horizontal. So entstehen gleich große Würfel, deren Größe und Genauigkeit für die Qualität des Käses ausschlaggebend sind.

Nachdem sich die Käsewürfel verfestigt haben, wird die Käsemasse in der Molke auf etwa 34–36 °C nachgewärmt und gerührt, bis der Käsebruch die richtige Konsistenz hat.

Dann wird in Hartkäseformen abgefüllt, die Molke rinnt schnell ab. Ein Deckel wird auf die Form gesetzt und der Käse gepresst. Sobald er etwas die Form behält, das kann schon nach einer halben Stunde sein, wird er aus der Form genommen, umgedreht, wieder in die Form gegeben und stärker gepresst. Diesen Wendevorgang wiederholt man öfter, bis der Käse fertig fürs Salzen ist.

Gesalzen wird entweder trocken, ähnlich wie beim Weichkäse, oder nass in einem Salzbad. Ist der Käse nach dem Salzen abgetrocknet, kommt er in einen eigenen Reifungsraum und wird dort einige Monate, bei Parmesan bis zu 3 Jahre, gepflegt.

Zum eigenen Versuch kann Käse auch in der Küche hergestellt werden. Voraussetzung dabei ist, dass diese sauber ist, nicht nach irgendetwas riecht (Schimmel, Abfall, Abfluss), keine Haustiere zur Küche Zugang haben und auch der Käsegeruch, der sich nach einer Woche dort einfindet

Nach dem Einlaben wird die Käsemasse sehr schnell fest.

Gesalzen wird entweder trocken oder in einem Salzbad.

und erst das richtige Raumklima ausmacht, nicht stört. Weiters darf in der Küche kein Hefe- oder Brotteig zum Gehen aufgestellt werden, die Küche muss gut gelüftet, darf aber nicht zugig sein.

Alle Geräte, die man zum Käsen benötigt, müssen vor dem Gebrauch sorgfältig ausgekocht werden. Keine Putzmittelrückstände dürfen mit Milch in Kontakt kommen, und blankes Eisen (Kochtopf, Blechsieb, ausgeschlagene Emailschüssel) ist ebenfalls zu vermeiden.

Sollte das Küchenfenster auf eine stark befahrene Straße oder auf den Hof mit einem Misthaufen führen, ist es kaum möglich, Hartkäse herzustellen. Weiters ist darauf zu achten, dass Silagemilch vom Bauern

Abfüllen des Bruchs in Käseformen

Nach kurzer Zeit wird zum ersten Mal gewendet.

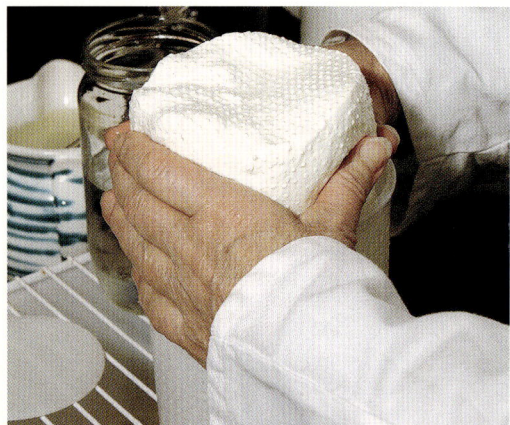

Der Rohling wird umgedreht und vorsichtig in die Form zurückgebracht.

Der Käserohling wird auf der gesamten Fläche mit grobem Salz eingerieben.

für Hartkäse nicht geeignet ist. In der langen Reifungszeit würden die Buttersäurebakterien der Silage, die über die Fütterung in die Milch gelangten, den Käse verderben.

Nur Mut!

Seien Sie dennoch mutig und versuchen Sie, Frischkäse zu machen! Sollte Ihnen dies Freude bereiten, können Sie sich dann zum Weichkäse vorwagen. Es ist eine Koch-Reise ganz eigener Art. Sie werden mit Neuem konfrontiert, das Gelingen macht Freude – Ihnen selbst und Ihren Mitgenießern.

Lassen Sie sich nicht entmutigen, wenn es einmal nicht so gut gelingen sollte. Dann betreten Sie mit der Fehlersuche Neuland, und die notwendigen Veränderungen und Vorsichtsmaßnahmen werden Ihnen neue Möglichkeiten eröffnen.

Die Herstellung von Hartkäse erfordert allerdings vorher schon mehr Vorbereitungen und wird nur dann wirklich gut gelingen, wenn Sie auch entsprechende Geräte und einen geeigneten Reifungsraum besitzen.

Für die Herstellung von Hartkäse wird ein geeigneter Reifungsraum benötigt.

Sollten Sie weiteres Interesse und Freude an der Herstellung von Käse haben, wird Ihnen das Buch Hanreich/Zeltner „Käsen leichtgemacht", Leopold Stocker Verlag, sicherlich eine wichtige Hilfe sein. Darin werden etwa 120 Rezepte sowie Tipps und Tricks der Milchverarbeitung verraten und in leicht nachvollziehbarer Darstellung beschrieben.

Gesund mit Käse

Gesundheitsbewusste achten darauf, mit ihrer Nahrung ausreichend Kalzium aufzunehmen. In Käse sind Eiweiß und Kalzium konzentrierter enthalten als in Milch, und im Hartkäse sind mehr Eiweiß und Kalzium enthalten als in der gleichen Menge Frischkäse.

Wenn täglich wenig Milch oder Joghurt konsumiert wird, sollte Käse öfter am täglichen Speiseplan stehen, um den erforderlichen Tagesbedarf an Kalzium zu decken. Weiters sind hochwertiges Eiweiß, Mineralstoffe, Spurenelemente und Fett im Käse, die ihn zu einer wichtigen Basis in der Nahrung für Kinder, Jugendliche und alte Menschen machen. In 15 g Schnittkäse oder 30 g Frischkäse verbergen sich 100 ml Milch. Dementsprechend sparsam soll Käse verwendet werden.

In Käse sind hochwertiges Eiweiß, Mineralstoffe, Spurenelemente und Fett enthalten.

Käse dient auch zum Verbessern der Speisen. Er findet Verwendung zum Überstreuen von Nudeln mit Sauce, zum Überbacken von Aufläufen, zum Einmischen in Salate und anstelle von Fleisch. Nicht nur für Vegetarier ist Käse eine schmackhafte Eiweißquelle.

Alte Hausmittel

- Als **Krankenkost**, zum Wiederaufbau des geschwächten Organismus, ist Milcheiweiß besser verdaulich als Fleischeiweiß und sollte vorsichtig (z. B. beginnend mit salzarmem Topfen oder Frischkäse) in die Nahrung eingebaut werden.
- Eine gute Eiweißversorgung ist nach einer Krankheit für das Blut und den Wiederaufbau von Muskeln und Gewebe wichtig. Ein Mangel an Eiweiß kann zu **Wasserstau** – **Ödemen** – führen.
- Käse fördert die Heilung von **Knochenbrüchen** und hilft, der **Osteoporose** vorzubeugen.
- Wer Hartkäse als Abschluss einer Mahlzeit verzehrt, reinigt die Zähne, da Käse milchzuckerfrei ist und eine basische Wirkung im Mund entfaltet. Somit ist Hartkäse auch ein Mittel gegen **Zahnbelag** und **Karies**. Diese schützende Wirkung wird auch durch Studien bestätigt. Dabei wird vermutlich nicht nur die Anhaftung von Bakterien am Zahn unterbunden, sondern auch der Speichelfluss angeregt. Außerdem wird durch Käse sowohl Phosphor als auch Kalzium für die Remineralisierung des Zahnschmelzes bereitgestellt.

Vorsicht bei Käse

Gerade bei Milch und Käse ist es wichtig zu beobachten, wie der Körper nach einer Mahlzeit reagiert. Denn, was dem einen gut tut, kann dem anderen schaden. Eine Unverträglichkeit muss auf jeden Fall ernst genommen werden. Oft muss man auf eine andere Milchsorte ausweichen oder vorübergehend sogar Milch und Milchprodukte ganz weglassen.

- Bei der Reifung von Hart- und Schnittkäse können **biogene Amine** (z. B. Histamin) als Abbauprodukte von Eiweiß entstehen. Hier ist der Spruch „auf die Menge kommt es an" besonders wirksam. Ein Zuviel an Emmentaler & Co kann bei empfindlichen Personen Übelkeit und Kopfschmerz hervorrufen.
- Der **Salzgehalt** im Käse kann bei **salzempfindlichen Personen** zu einer **Verstärkung** des Bluthochdrucks führen. Verzichten Sie in diesem Fall auf Hartkäse und weichen Sie auf ungesalzenen oder salzarmen Frischkäse aus.
- Fettreiche Käse sind cholesterinreich und sollten ganz bewusst nur in entsprechenden Mengen in die Nahrung einbezogen werden. Ziehen Sie bei **erhöhten Cholesterinwerten** die Vielfalt an fettarmen Milchprodukten (Quargel, Kochkäse, Magertopfen) vor.
- Bei Nierenproblemen sollte ärztlich abgeklärt werden, ob auf Milcheiweiß – vor allem Käse – verzichtet werden muss.

Rezepte

KÄSEBROT
Eine einfache Käsejause für zwischendurch ist ein Käsebrot mit einer Tasse Milch.

KÄSEPLATTE
Eine Käseplatte nach einem guten Essen erfreut nicht nur ausgesprochene Käseliebhaber.

Fünf bis sieben verschiedene Käsesorten werden auf der Platte, vom Frischkäse beginnend über Weich- und Schnittkäse bis hin zu Hartkäse, aufgelegt. In dieser Reihenfolge sollte der Käse auch gegessen werden. Mit Frischkäse wird begonnen und Hartkäse bildet den Abschluss.

Garniert wird die Käseplatte, je nach Möglichkeiten und Einfallsreichtum, z. B. mit Äpfeln, Weintrauben oder Tomaten, Paprika und Dill, Kräutern, Nüssen und Ähnlichem. Zu den meisten Käsesorten serviert man Weißwein, denn das Salz vom Käse lässt oft das Tamin vom Rotwein bitter schmecken.

Käse – sehr gut nach dem Essen

FRISCHKÄSEVARIATIONEN

Frischkäse, etwa 2 cm dick, herstellen und mit verschiedenen Formen ausstechen. Die Reste zu Kugeln formen und in verschiedenen Gewürzen wälzen. So wird der einfache Frischkäse zu einem hübschen Blickfang auf der Käseplatte.

TIPP | **Variation**

Man kann aber auch die einzelnen Frischkäse mit Gewürzen überstreuen.

Frischkäse mit den verschiedenen Gewürzen und Pumpernickel, eine feine Abendjause

ZIEGENKÄSE-CREME

100 g Ziegenkäse
3 EL Obers
1 EL grob gehackte Walnusskerne

Ziegenkäse mit einer Gabel zerdrücken und mit dem Obers glatt rühren. Anschließend die grob gehackten Walnusskerne untermischen.

Mit dieser Creme werden aufgebähte (im Ofen leicht aufgebackene) kleine Weißbrotschnitten (Baguette-Schnitten), Pumpernickel oder Salzgebäck bestrichen.

KÄSEBÄLLCHEN

125 g Hartkäse
125 g weich gerührte Butter
Petersilie
Salz, Pfeffer und Tabascosauce

Geriebener Hartkäse wird in weich gerührter Butter mit Petersilie, Salz, Pfeffer und Tabascosauce verrührt und abgeschmeckt.

Auf einem mit Alufolie belegten Brettchen werden mit zwei Teelöffeln kleine Nockerln geformt, in die man links und rechts je eine Walnusshälfte drückt. Zum Festwerden stellt man die Bällchen eine Stunde lang in den Kühlschrank.

Serviert wird auf der Käseplatte oder als Happen zu trockenem Weißwein.

WARME KÄSEBROTE

3 Scheiben Schwarzbrot, Bauernbrot oder Vollkornbrot (pro Person)
grüner Paprika
einige dicke Schnitten Käse
Gewürzpaprika zum Garnieren

Um rasch eine warme Abendmahlzeit zu zaubern, nimmt man pro Person 3 Schnitten Schwarzbrot, Bauernbrot oder Vollkorntoast und legt sie auf ein Backblech, eventuell auf eine Backfolie. Nun belegt man diese Brote mit je 1–2 Rädern quer geschnittenem, grünem Paprika, auf den man eine dicke Schnitte Käse legt.

So zubereitet, werden die Brote bei Oberhitze oder im Grill kurz überbacken, bis der Käse zu schmelzen beginnt. Vor dem Servieren können die Brote mit Gewürzpaprika bestreut werden.

ZIEGENKÄSEPARFAIT (für 2–4 Personen)

Den Ziegenkäse passieren, mit Sauerrahm, Salz, Pfeffer und frischen Kräutern (Dill, Petersilie) abmischen. Die aufgelöste Gelatine einrühren und gleich den aus dem Obers geschlagenen Schlagrahm unterheben. Sofort in mit kaltem Wasser ausgeschwenkte Formen füllen und 1 Stunde in den Kühlschrank stellen.

Vor dem Servieren auf Teller stürzen und mit Radieschen, Basilikum, Petersilie bzw. Schnittlauch verzieren.

100 g Ziegenkäse
120 g Sauerrahm
Salz und Pfeffer
frische Kräuter (Dill,
Petersilie)
3 Blatt Gelatine
100 g Obers
Radieschen, Basilikum,
Petersilie, Schnittlauch
zum Garnieren

ÜBERBACKENE KARTOFFELN (für 3–4 Personen)

Die gekochten Kartoffeln werden geschält, in 1 cm dicke Scheiben geschnitten und in eine bebutterte Backform gelegt. Leicht salzen, pfeffern. Eventuell mit Schnittlauch, Bärlauch oder Petersilie bestreuen oder mit Knoblauchstückchen belegen. Anschließend mit Schafkäse- oder Weichkäsescheiben bedecken und bei Oberhitze goldbraun backen.

1 kg Kartoffeln
Salz und Pfeffer
Schnittlauch, Bärlauch
oder Petersilie
Knoblauchzehen
125 g Schaf- oder
Weichkäse

TIPP	Variation

Vor dem Backen mit Zitronensaft beträufelt und mit Oregano überstreut, erinnert die Speise an Griechenland.

NUDEL-KÄSE-SALAT (für 4–6 Personen)

250 g Spiralnudeln
100 g Schnittkäse
250 g gekochtes
Mischgemüse
1 Ei oder 2 Dotter
Öl
Salz und Pfeffer

Die Spiralnudeln werden gekocht und mit kaltem Wasser abgeschreckt. Der Schnittkäse wird in feine Streifen geschnitten und mit dem gekochten Mischgemüse und den gekochten, kalten Nudeln vermengt.

Mit Mayonnaise von dem ganzen Ei oder den Dottern abmischen und zuletzt mit Salz und Pfeffer würzen.

| **TIPP** | **Mayonnaise selbst herstellen** |

Selbst gemachte Mayonnaise

1 ganzes tagfrisches Ei oder 2 Dotter werden in den Aufsatzmixer gegeben und tröpfchenweise auf unterster Stufe mit Öl vermischt. Strecken bzw. erweitern kann man die Mayonnaise mit Senf oder Essig. Danach wieder mit Öl mixen, bis die Mayonnaise fest genug ist. Tagfrisch verbrauchen!

Vorteile: Keine Haltbarkeitsstoffe und ein köstlicher Geschmack.

Sollte die Mayonnaise einmal gerinnen oder grießelig werden, wenn das Öl zu schnell zugegeben wurde, füllt man alles in ein Schnabelkännchen, gibt neuerlich 1–2 Dotter in den Mixer und mixt sie langsam gemeinsam mit dem Gemisch, bis es wieder fest wird.

SALATE MIT KÄSE

Je nach Saison werden die verschiedensten grünen und roten Blattsalate mit Tomaten, Gurken, Oliven, eventuell Sprossen mit einer Senfmarinade gemischt sowie mit Frischkäsestückchen und Salatkräutern (Dill, Zitronenmelisse, Kapuzinerkresse, Petersilie) verziert.

SCHWARZ- ODER WEISSBROT ÜBERBACKEN

Angeröstetes oder getoastetes Brot wird auf ein Backblech gelegt, mit Schinken und Schnittkäsescheiben belegt und bei Oberhitze überbacken.

Garnieren kann man mit Nüssen, Äpfeln, Traubenhälften, Salatblättern oder mit gebackenen Tomaten bzw. Paprikastreifen.

RACLETTE OHNE RACLETTEGERÄT

Auch ohne Raclettegerät kann im Backofen Raclette bereitet werden. Gekochte Kartoffelhälften oder dicke Scheiben von großen, gekochten Kartoffeln werden auf ein Backblech, am besten auf Backfolie, gelegt.

Die Kartoffeln werden mit Raclette-Käseschnitten belegt, Zwiebelringe, Tomaten und Paprikastreifen dazugelegt und im Backofen bei Oberhitze oder im Grill gebacken, bis der Käse schmilzt und leicht goldbraun ist.

Da die Speise immer wieder frisch und heiß gegessen werden sollte, kann man die Mahlzeit bei größerer Personenzahl auf 2–4 Portionen einteilen, vorbereiten und stets ein weiteres Blech in den Backofen stellen, wenn das fertige Raclette zu Tisch gebracht wird.

KÄSEMÜRBTEIG

Mehl, geriebener Hartkäse bzw. Emmentaler und Salz in eine Schüssel geben, Obers mit einem Messer untermischen und dann den Teig fest abkneten. 1 Stunde zugedeckt rasten lassen.

Den Teig in eine Kuchen- oder Tortenform drücken und am Rand entsprechend hochziehen.

Als pikante Auflage oder Fülle sind der eigenen Kreativität kaum Grenzen gesetzt.

190 g Mehl
150 g geriebener Hart-
käse bzw. Emmentaler
Salz
250 ml Obers

ZUPFERLINGE-KÄSEGEBÄCK

Obiger Teig wird von Hand in kleinen Teilen abgezupft, aufs Blech gelegt und bei 200 °C goldbraun gebacken.

GEBACKENE KÄSEÄPFEL

Von den harten Äpfeln einen Deckel mit einem Stiel abschneiden und das Kerngehäuse vorsichtig aushöhlen, ohne ein Loch in die Äpfel zu machen. Dann vorsichtig den Apfel etwas aushöhlen, ohne die Schale zu verletzen. Das Fruchtfleisch klein schneiden und mit dem kleinwürfelig geschnittenen Weichkäse (Camembert) mischen und in die Äpfel füllen.

Eier, Obers und Milch gut mixen, mit Salz und Pfeffer abschmecken und in die Äpfel gießen. Danach den Deckel aufsetzen und in zwei kleine feuerfeste Formen stellen. Je 1 TL Butter und etwas Weißwein dazugeben und bei 180 °C zirka 20 Minuten backen.

2 harte Äpfel
100 g Weichkäse
(Camembert)
2 Eier
2 EL Obers
1 EL Milch
Salz und Pfeffer
2 TL Butter
etwas Weißwein

KÄSE-SCHINKEN-ROLLEN (für 8 Stück)

Obers schlagen, mit dem geriebenen Hartkäse und dem Ei vermischen und damit die Schinkenscheiben bestreichen.

Diese werden eingerollt und in eine mit Butter befettete Auflaufform gelegt.

Auf die Schinkenrollen je 1 Scheibe Hartkäse legen, pfeffern und im Backofen etwa 15 Minuten bei 200 °C backen.

250 ml Obers
150 g geriebener
Hartkäse
1 Ei
8 Scheiben Schinken
8 Scheiben Hartkäse
Pfeffer

TOMATEN-CAMEMBERT-AUFLAUF (für 4 Personen)

ca. 500 g Kartoffeln
1 Bund Frühlingszwiebel
1 junge Zucchini oder
1 Melanzani (Aubergine)
etwas Öl
2 Prisen Oregano
Butter für die Form
250 g Tomaten (Scheiben)
4 Eier
250 ml Milch
Salz und Pfeffer
1 Camembert oder
Raclettekäse

Kartoffeln nicht zu weich kochen. Frühlingszwiebeln und Zucchini würfelig schneiden, in etwas Öl mit Oregano glasig anrösten und in eine bebutterte Auflaufform füllen.

Kartoffeln schälen, in dicke Scheiben schneiden und in die Auflaufform schichten. Darüber werden die Tomatenscheiben gelegt.

Eier und Milch mit Salz und Pfeffer verquirlen und über die Tomaten gießen. Darüber einige Scheiben Camembert oder Raclettekäse legen. Im Ofen bei 180 °C backen, bis der Käse goldgelb und die Eiermasse gestockt (Gabelprobe) ist.

KARTOFFEL-KÄSE-AUFLAUF (für 2 Personen)

500 g Kartoffeln
150 g Topfen
5 EL Sauerrahm
Salz und Paprikapulver
2 Scheiben Kochschinken
100 g Sauerrahm
2 Eier
geriebener Käse
kleine Butterstückchen

Kartoffeln werden gekocht und geschält. In eine kleine Auflaufform gibt man eine Lage (2 cm dicke) Kartoffelscheiben. Topfen wird mit Sauerrahm, Salz und Paprikapulver glatt gerührt und über die Kartoffeln gegossen. Die Scheiben Kochschinken in Stücke schneiden und darüberlegen.

Darauf wird nochmals eine Lage Kartoffelscheiben gelegt. Sauerrahm und Eier werden verquirlt und darübergegossen. Geriebenen Käse darüberstreuen, kleine Butterstückchen obenauf verteilen und bei 200 °C goldgelb backen.

Kartoffel-Käse-Auflauf

GEMÜSEAUFLAUF MIT BÉCHAMEL

Butter oder Öl werden in einem Topf erwärmt. Danach Mehl einrühren und leicht anschwitzen. Nun nimmt man den Topf vom Herd und rührt nach und nach Milch ein.

Anschließend wird die Masse unter ständigem Rühren erwärmt, zum Kochen gebracht und der Topf danach sofort wieder vom Herd weggezogen. Ist die Masse überkühlt, salzen und die Eidotter nach und nach gut einrühren.

Eine feuerfeste Form wird mit Butter befettet und mit Bröseln ausgeschwenkt. Dann gibt man in kleine Stücke geschnittenes, gekochtes Gemüse je nach Saison (Karfiol, Mischgemüse, Mangold) und eventuell klein geschnittenen Schinken bzw. grob geriebenen Käse in die Form, übergießt alles mit der kühlen Béchamelsauce und bestreut mit geriebenem Hartkäse. Bei mittlerer Hitze goldgelb backen.

50 g Butter oder Öl
50 g Mehl
125 ml Milch
Salz
2–3 Eidotter
Butter und Brösel für die Form
1 kg Gemüse der Saison (Karfiol/Blumenkohl, Mischgemüse, Mangold)
100 g Schinken
100 g Käse
geriebener Hartkäse

ZUCCHINI-BERGKÄSEAUFLAUF (für 2 Personen)

250 g gekochte
Kartoffeln
100 g Karreespeck
etwas Öl
1 mittelgroße Zucchini
Butter für die Form
4 Eier
250 ml Milch
etwas Salz
Kapuzinerkresse
100 g Bergkäse

Kartoffeln kochen und in Scheiben schneiden. Speck würfelig schneiden und in etwas Öl anrösten. Beiseite stellen. Zucchini in Scheiben schneiden und in der Pfanne leicht anrösten.

In die bebutterte Backform eine Lage Zucchinischeiben geben. Darüber einen Teil der Speckwürfel verteilen und mit den Kartoffelscheiben belegen. Eine zweite Schichte Zucchinischeiben und Speckwürfel darüberlegen.

Eier und Milch mit Salz und mit gehackter Kapuzinerkresse verquirlen und darübergießen. Bergkäse grob reiben und darüberstreuen oder mit Käsescheiben belegen.

Den Auflauf bei 180 °C im Ofen goldgelb backen, bis die Eimasse gestockt ist.

Die erste Lage Zucchini wird mit Kartoffelscheiben belegt.

Der Auflauf wird übergossen.

Der Auflauf ist vorbereitet.

KÄSENUDELN ODER KÄSENOCKERLN (für 2 Personen)

Die fertig gekochten Spiralnudeln werden mit geriebenem Hartkäse gemischt, in eine feuerfeste Auflaufform gegeben, die bebuttert und mit Bröseln bestreut ist, und mit einer Mischung aus Milch, Eiern und etwas Salz übergossen.

Nun wird geriebener Hartkäse darübergestreut und das Ganze bei mittlerer Hitze goldgelb gebacken.

250 g Spiralnudeln, Hörnchen oder Nockerln geriebener Hartkäse Butter und Brösel für die Form 250 ml Milch 2–3 Eier etwas Salz

KÄSETÄSCHCHEN

Zunächst wird ein Nudelteig aus Mehl, Ei, etwas Salz und Wasser hergestellt, gut abgeknetet und dann ½ Stunde rasten gelassen. Inzwischen macht man die Fülle.

Fülle 1: Geriebenen Hartkäse und Topfen mit den Eiern vermischen und kleine Kugeln formen.

Fülle 2: Butter, Brösel, Topfen, Rahm, Salz und Ei gut abmischen und aus dieser Masse kleine Kugeln formen.

Nun wird der Nudelteig in 2 Teile geteilt und dünn ausgewalkt. Auf einen Teil legt man die gewählten Fülle-Kugeln in einem Abstand, sodass dazwischen genügend Platz bleibt, bestreicht den Teig rund um die Fülle mit Eiklar, legt den zweiten Teil des ausgewalkten Teiges obenauf und drückt den Teig rund um die Fülle gut an. Nun werden die Täschchen mit einem Teigrädchen ausgeradelt.

Danach werden die Käsetäschchen in kochendem Salzwasser etwa 5–10 Minuten gekocht, abgeseiht, mit heißer Butter übergossen und gleich serviert. Geriebener Parmesan und Salate ergänzen die Speise.

Nudelteig
200 g Mehl
1 Ei
etwas Salz
60 ml Wasser

Fülle 1
100 g Hartkäse
50 g Topfen
1–2 Eier

Fülle 2
50 g Butter
50 g Brösel
250 g Topfen
60 ml Rahm
Salz
1 Ei

TIPP | **Variationen**

Für die Fülle eignen sich auch je nach Geschmack feingehackter Salbei und goldbraun geröstete Zwiebel.

Weiters können glasig geröstete Speckwürfel, abgeseihte Grammeln oder vorgekochtes, gewürztes faschiertes Fleisch (Hackfleisch) als Fülle verwendet werden.

KÄSESOUFFLÉ (für 2 Personen)

2 TL Butter
2 TL Mehl
60 ml Obers
Salz und Pfeffer
2 Dotter
80 g geriebener Käse
2 Eiklar
Butter für die Form

Butter im mäßig warmen Topf zergehen lassen, Mehl und Obers einrühren und aufwallen lassen. Nun kommt der Topf vom Herd, danach salzen und pfeffern.

Nach dem Überkühlen werden Dotter und geriebener Käse untergerührt. Zum Schluss wird der Eischnee von den Eiklar untergezogen.

Eine gebutterte, feuerfeste Form wird bis zur Hälfte mit der Soufflémasse gefüllt und diese bei 180 °C goldbraun gebacken.

KÄSEFONDUE

2 Knoblauchzehen
4 TL Kartoffelmehl
600 g geriebener Fonduekäse (200 g Emmentaler und 400 g Greyerzer)
500 ml Weißwein
1 TL Zitronensaft
2 TL Kirschwasser
Pfeffer und Muskatnuss
Weißbrotwürfel

Die Fonduepfanne mit den Knoblauchzehen ausreiben. Kartoffelmehl mit geriebenem Fonduekäse vermischen und in die Fonduepfanne geben. 500 ml Weißwein und 1 TL Zitronensaft dazugeben und die Fonduemasse am Herd unter ständigem Rühren zum Kochen bringen. Dann gleich auf den Fonduekocher stellen.

Den Geschmack mit Kirschwasser (nicht für Kinder!), Pfeffer und eventuell etwas Muskatnuss abrunden.

Weißbrotwürfel auf die Gabel spießen und in der Pfanne einmal umrühren. Wenn jeder umrührt, sollte das Fondue keine Fäden ziehen.

Käsefondue

KÄSESUPPE (für 2 Personen)

Fertige Gemüsecremesuppe wird mit geriebenem Hartkäse versprudelt und aufgekocht. Dann werden noch Eidotter und Süßrahm eingerührt.

500 ml Gemüsecreme-suppe, 40 g Hartkäse
1 Eidotter
1 EL Süßrahm

FRANZÖSISCHE ZWIEBEL-KÄSE-SUPPE

Zwiebelringe mit Butter und Zucker goldbraun rösten, klare Suppe darübergießen und 15 Minuten lang köcheln lassen.

Die Toastbrote werden gebuttert und getoastet. Auf den harten kalten Toast wird je 1 Knoblauchzehe abgerieben.

Die Suppe wird in zwei feuerfeste Suppentassen gefüllt, je 1 Toastbrot oben aufgelegt und je 1 EL geriebener Hartkäse darübergestreut.

Bei 200 °C mit Oberhitze so lange im vorgeheizten Ofen oder im Grill backen, bis der Käse schmilzt.

250 g Zwiebelringe
Butter
Zucker
500 l Suppe
2 Toastbrote
2 Knoblauchzehen
2 EL geriebener Hartkäse

Variante

Zwiebel wird glasig geröstet und dann mit Suppe gekocht. Diese Suppe wird mit Käse überstreut und kommt so in den Ofen. Wenn der Käse geschmolzen ist, wird die Suppe in 2 Tellern angerichtet, je ein mit Knoblauch eingeriebener Toast daraufgelegt und gleich serviert.

Französische Zwiebel-Käse-Suppe

KÄSEKÜCHLEIN

500 g Mehl
150 g Hartkäse
40 g Germ
2 EL Zucker
250 ml Milch
125 g Butter
1 Ei
1/2 TL Salz

Zu Mehl und geriebenem Hartkäse wird ein „Dampfl" aus 40 g Germ (Hefe), Zucker und Milch gegeben. Dazu kommt zerlassene Butter, das Ei und Salz. Daraus wird ein geschmeidiger Teig geknetet, der zugedeckt und an warmer Stelle gehen soll. Sollte der Teig zu weich sein, kann man noch etwas Mehl einkneten, damit er die Form hält.

Nach dem Aufgehen den Teig in 2 oder 4 Teile teilen, daraus Weckerln formen, diese auf ein Backblech legen und mit verquirltem Dotter bestreichen. Nochmals 10 Minuten gehen lassen und bei 180 °C backen.

KÄSESTANGERLN

Hiezu kann entweder selbst gemachter oder gekaufter Blätterteig verwendet werden. Schnitten von selbst gemachtem Hartkäse, Emmentalerschnitten oder Toastkäsescheiben werden vorbereitet.

Der Blätterteig wird in Quadrate geschnitten und mit den etwas kleineren Käsescheiben belegt. Von einer Ecke zur gegenüberliegenden eine Rolle machen und aufs Backblech legen, mit Eidotter bestreichen, Reibekäse darüberstreuen und goldbraun backen.

TIPP | **Variationen**

Statt Blätterteig kann auch Topfenteig verwendet werden.
Belag-Variante: Reibekäse auf die Teigquadrate streuen oder Topfen mit Parmesan vermischen und dick auf den Teig auftragen.

Molke

Allgemeines

Molke fällt bei der Topfen- und Käseherstellung an. Im Supermarkt ist reine Molke, die nicht gezuckert oder mit Früchten oder Aromen versetzt ist, kaum zu erhalten. In den Drogerien oder Reformhäusern gibt es Kurmolke zu kaufen, die in Form von Molkepulver angeboten wird.

Sie werden vielleicht direkt vom Bauern Molke oder Milch beziehen können oder auch pasteurisierte Milch im Geschäft kaufen, um Topfen selbst herzustellen. So erhalten Sie dann auch Ihre selbst gemachte Molke.

Lässt man Molke bei Zimmertemperatur stehen, rahmt der Molkenrahm auf. Es bildet sich rasch eine weiße „Haut", die aus Hefen besteht und die Molke rasch verderben lässt. Daher muss Molke stets verschlossen im Kühlschrank aufbewahrt werden. So hält sie sich 2–3 Tage. Durch Pasteurisieren kann Molke etwas länger aufbewahrt werden, es gehen dabei aber Vitamine verloren.

Molke, die im Geschäft angeboten wird, ist haltbar gemacht und für den Konsum verändert, z. B. aufgezuckert oder mit Aromen oder anderen speziellen Zutaten versetzt.

Gesund mit Molke

Molke wurde schon vor etwa 4.000 Jahren von den Sumerern für Fastenkuren verordnet. Hippokrates (460–375 v. Chr.) setzte bereits frische Molke zur Behandlung von Gicht und Lebererkrankungen ein. Auch Galen (129–199 n. Chr.), der Leibarzt von Marc Aurel, wendete Molke als Heilmittel an.

*Im Handel angebotene
Fruchtmolke*

Bereits 1483 werden in einem umfassenden medizinischen Werk Molkekuren vorgeschlagen. Im 18. und 19. Jahrhundert wird besonders Ziegenmolke bei Tuberkulose, Verdauungsleiden und Gicht eingesetzt. Zu dieser Zeit entstehen im deutschsprachigen Raum zahlreiche Molkekurorte, wie z. B. Bad Kreuth, Interlaken oder Bad Ischl.

Molke wurde einst auch als „Serum" der Milch bezeichnet und hatte einen hohen Stellenwert für die Gesundheit des Menschen, ehe es eher still um sie wurde. Lange Jahre wurde Molke nur mehr als Abfallprodukt oder Schweinefutter bewertet. Seit etwa 1960 wird sie jedoch in zunehmendem Maße wieder geschätzt.

Sie wurde wissenschaftlich untersucht und spielt heute wegen ihres Gehaltes an Mineralsalzen, Spurenelementen, Molkeneiweiß, Laktose, Kalzium, Enzymen und Vitaminen wieder eine größere Rolle. Frische Molke ist ein gutes, durstlöschendes und heilendes Getränk. Im Handel gibt es spezielle Fruchtmolke als Durstlöscher.

Was beinhaltet reine Naturmolke

Molke von Kuhmilch beinhaltet je Liter 5–8 g Molkeneiweiß, das aus Albumin und Globulin besteht und ein sehr hochwertiges Eiweiß darstellt. Weiters sind in Molke die Vitamine B_1, B_2, B_6 und B_{12} sowie 0,5 % Mineralstoffe (Kalzium, Kalium, Phosphor, Natrium, Schwefel, Chlor) und Spurenelemente (Mangan, Kupfer, Jod) enthalten. Molke enthält weniger als 3 % Fett. Bei Schaf- oder Ziegenmilch-Molke sind die Wertigkeiten etwas anders.

*„Sauermolke" enthält
mehr Kalzium als
„Labmolke" oder
„Süßmolke".*

In „Sauermolke", die bei der Sauermilch-Topfenherstellung anfällt, ist mehr Kalzium enthalten als in „Labmolke" oder „Süßmolke", die bei der Herstellung von Labkäse gewonnen wird. In Molke aus der Käseproduktion aus Vollmilch ist noch verhältnismäßig viel Fett enthalten, das in Käsereien zu Molkebutter weiterverarbeitet werden kann.

Molke, die in kleinen Mengen im bäuerlichen oder im Selbstversorger-Haushalt anfällt, kann meist sofort und gut verwertet werden. Von Ihren Vorlieben und denen Ihrer Familie wird es abhängen, ob Sie Brot mit Molke statt mit Wasser backen oder ob Sie lieber ein entspannendes Molkebad nehmen, ob Sie für die Kinder ein kühles Molkefruchtgetränk bereitstellen, ein Sportlergetränk mixen oder ob Sie selbst eine Molkekur machen.

*Die Haltbarkeit von Molke
ist ohne Zusätze sehr
gering.*

Bei regelmäßiger Käseherstellung am Bauernhof fällt auch dementsprechend viel Molke an, sodass eine genaue Planung der Molkeverwertung sinnvoll erscheint. Da die Haltbarkeit der Molke ohne Zusätze sehr gering ist und sogar pasteurisiert und gekühlt nur wenige Tage beträgt, ist sie stets rasch zu verwenden.

Man kann Kunden Molke für vielerlei Verwendung anbieten, sei es für eine Molkekur oder als Molkefruchtgetränk. Man kann sie zu Zieger bzw.

Mozzarella weiterverarbeiten oder Molkenessig, den „Seired", herstellen. Ein besonderes Getränk aus Molke gibt es in Russland: Kwas – ein bekanntes Getränk mit der typischen gelbbraunen Färbung – ähnlich dem Bier –, das aus Molke und Zucker durch Gärung hergestellt wird.

Auch kann man Molke zum Abwaschen verwenden.

In den Verkaufsregalen der Supermärkte und in den Drogerien und Reformhäusern sind bereits seit einigen Jahren Molkeprodukte zu finden und geben Anregungen zur eigenen Verwertung. Für die Tierfütterung sollte Molke nur in Ausnahmefällen bei Überschuss Verwendung finden.

Alte Hausmittel

- Ein **Molkebad** ist eine Verjüngungskur für die Haut und eine Entspannung für den Körper. Molkebäder wurden in den Molkekuranstalten angeboten. Auch in der Antike wussten die Römerinnen schon von der pflegenden Wirkung des Molkebades, auch wenn sie Molke damals noch nicht nach den heutigen wissenschaftlichen Kriterien untersuchen konnten. Heute weiß man, dass die Milchsäure ein günstiges Hautmilieu bewirkt und die Haut weich und geschmeidig macht. 1–2 Liter Molke in ein nicht zu warmes Vollbad gießen und 15–20 Minuten lang genießen. Die Haut wird weich und zart. Nach dem Baden nur sanft oder gar nicht abtrocknen und eine halbe Stunde zugedeckt ruhen. Wer lieber Klarmolke verwendet, kann diese durch kurzes Kochen – und fein abseihen – selbst machen.

> Die in Molke enthaltene Milchsäure bewirkt ein günstiges Hautmilieu.

- Für ein **Molkefußbad** bei **Venenentzündungen** gibt man 500 ml Frisch- oder Trockenmolke auf etwa 20 Liter 27 °C warmes Wasser des Fußbeckens, stellt die Beine bis unters Knie hinein und badet 20 Minuten lang. Dann wird nicht abgetrocknet, sondern die Beine werden an der Luft getrocknet. Anschließend wird ein Topfenwickel (siehe Kapitel „Topfen", S. 103) aufgelegt. Die Haut wird dabei angenehm weich, und die Venen werden kuriert.

- Eine **Molkekur**, wie sie die Ärzte der Antike verschrieben haben, ist heute bei schweren Leiden nur als Zusatzbehandlung neben der ärztlichen Behandlung sinnvoll und sollte mit dem Arzt abgesprochen werden. In Kuranstalten kann eine Molkekur unter ärztlicher Aufsicht und Anleitung Hilfe bieten. Molke wird für **Fastenkuren**, zur **Gewichtsreduktion**, zur **Reinigung** und **Entschlackung** des Körpers, zum **Entgiften von Darm bzw. Leber** eingesetzt. Die Molke wirkt wegen ihres hohen Laktoseanteiles abführend, entwässernd, entschlackend und stoffwechselanregend. Schon ein Glas Molke kann unter Umständen bei Laktoseintoleranz nicht vertragen werden. In diesem Fall sollte der Arzt unbedingt zu Rate gezogen werden.

> Molke wirkt wegen ihres hohen Laktoseanteils stoffwechselanregend.

■ **Molke-Normalkost-Kur**

Werden 500 ml Tages-Trinkmenge durch Molke gedeckt, so tut man seinem Körper schon etwas sehr Gutes. Frische Molke, ungezuckert oder mit reinen Fruchtsäften vermischt, führt dem Körper wichtige Mineralstoffe und Vitamine zu.

■ **Molke-Kurzkur**

Um eine leichte Verbesserung der Verdauung zu bewirken und ein wenig Gewicht loszuwerden, kann man sich unter anderem zu einem Fasten-Wochenende entschließen. Ein Wochenende bzw. 3 Tage lang werden täglich 1–1,5 Liter Molke getrunken. Als Ergänzung werden 80 ml Pflanzensäfte (Brennnessel, Artischocke, Löwenzahn), verdünnt mit stillem Mineralwasser oder Kräutertee (Kamille, Pfefferminze, Fenchel), getrunken. Die Tagesflüssigkeit sollte insgesamt 3 Liter betragen. Keine oder nur wenig feste Nahrung, kein Alkohol, jedoch viel Ruhe und Spaziergänge sowie Gymnastik und Schwimmen sind an diesen Tagen wichtig und erhöhen den Kurerfolg.

■ **3–4-Wochen-Kur**

Der Kurerfolg wird durch viel Bewegung und Ruhe erhöht; feste Nahrung und Alkohol sind zu meiden.

Will man ein zu hohes Gewicht reduzieren oder Gicht, Leberleiden oder Verdauungsprobleme verbessern, so kann eine 3- bis 4-wöchige Molkekur von großem Vorteil sein. Hierbei ist unbedingt mit Eiweiß angereicherte Kurmolke zu verwenden.

VORSICHT | **Ärztliche Begleitung erforderlich**

Diese Kur sollte nur unter ärztlicher Kontrolle durchgeführt werden! Ärztliche Betreuung vor, während und nach der Kur gibt Sicherheit und erhöht den Erfolg der Kur. Heute gibt es auch wieder Kuranstalten mit ärztlicher Betreuung, die auf Molke-Kuren spezialisiert sind.

Kurmolke ist mit Albumin und Globulin angereichert.

Die mit Eiweiß (Albumin und Globulin, das durch Ultrafiltration gewonnen wurde) angereicherte Kurmolke weist einen Gesamteiweißgehalt von 30 g Eiweiß je Liter Molke auf. Sie wird unter Zugabe der Milchsäurebakterien L(+) und D(-) im Verhältnis 90 : 10 gezielt gesäuert und so speziell für Molke-Kuren hergestellt.

Verwendet man angereicherte Molke für die Kur, ist die Gewichtsabnahme, wie in vielen Untersuchungen bewiesen, zu etwa 70 % Fettgewebe, 26 % Wasser und nur 3–4 % Körperprotein. Das Totalfasten hingegen bewirkt in etwa nur 51 % Fettverlust und mehr Wasser- bzw. Eiweißverlust.

Reine Ziegen- oder Schafmolke soll ähnliche Wirkung haben wie Kurmolke, weil in ihr mehr Albumin und Globulin enthalten ist als in Kuhmolke.

Allerlei Tipps rund um die Molke:

- **Molke als Putzmittel:** Molke mit einem Schuss Essig im Abwaschwasser ist ein sehr handschonendes Spülmittel und trägt zur Umwelterhaltung bei. Es ist als Naturprodukt zur Gänze abbaubar.
- **Molke als Düngemittel:** Geringe Mengen Molke können im Frühling oder Herbst auf die Blumenbeete aufgebracht werden.

Rezepte

MOLKE-FRUCHTGETRÄNK

Ribiselsaft, Himbeersaft oder andere Fruchtsäfte werden mit Molke 1 : 1 knapp vor dem Verzehr verdünnt und das gewonnene Mixgetränk kalt getrunken.

SPORTLER-GETRÄNK

Nach der Sauna, nach sportlicher Betätigung und starkem Schwitzen ist Molke oder Fruchtmolke, 1 : 1 mit Mineralwasser verdünnt, ein ideales Getränk. Es ersetzt den Flüssigkeitsverlust, versorgt den Körper mit Vitaminen, Mineralstoffen, Spurenelementen, Molkeneiweiß und ist durstlöschend. Am besten, Sie genießen dieses Getränk gekühlt, aber nicht zu kalt.

TRINKMOLKE

Molke oder Klarmolke wird – mit Honig gesüßt – in kleinen Gläsern angeboten. Zur Verfeinerung kann ein kleiner frischer Zweig Zitronenmelisse ¼ Stunde lang darin ziehen.

SAURER BREI

500 ml Buttermilch
500 ml Molke
250 g Grieß
Powidl
(Pflaumenmus)

Buttermilch und Molke werden gemischt, aufgekocht und etwas Grieß wird eingekocht.

Zum Brei wird traditionell Powidl (Pflaumenmus) serviert.

MOLKENSUPPE

1 l Molke
2 EL Dinkelmehl
Salz und Kümmel
1 EL Rahm
Petersilie oder
Schnittlauch und Brot-
würfel zum Garnieren

In aufgekochter Molke Dinkelmehl einkochen, mit Salz und Kümmel würzen und nochmals unter ständigem Rühren aufkochen. Rahm obenauf verfeinert die Suppe, macht sie aber kalorienreicher.

Mit etwas gehackter Petersilie oder fein geschnittenem Schnittlauch und mit angerösteten Brotwürfeln wird die Suppe serviert.

Molkensuppe

KNÄCKE-FLADEN

Wenn ein Holzherd vorhanden ist, können auf der Herdplatte aus dem Feldegger Dinkelbrotteig (siehe unten) Knäcke-Fladen gebacken werden. Dazu wird viel Mehl in den fertigen Brotteig eingeknetet. Ganz dünne, nicht zu große Fladen werden ausgewalkt und an einer nicht zu heißen Stelle der Herdplatte gebacken. Wenn sie ganz trocken gebacken sind, werden diese in einer Dose, fest verschlossen, bis zum Verzehr aufgehoben.

Als Variante kann beim Auswalken Mohn oder Kümmel eingewalkt werden. Diese Fladen müssen besonders vorsichtig gebacken werden.

Ist kein Holzofen mit Eisenplatte vorhanden, können die Fladen auch versuchweise im Ofen gebacken werden.

> **TIPP** | **Frisch verzehren!**
>
> Mit Butter oder Grammelschmalz bestrichen, sind die frischen, noch warmen Fladen eine Köstlichkeit.

FELDEGGER DINKELBROT

Dinkel wird gemahlen. In das Mehl wird eine Grube gemacht, darin 1 Päckchen (4,2 g) Germ (Hefe) zerdrückt, mit etwas lauwarmer Molke und ein wenig Mehl zu einem sehr weichen Brei vermischt und zugedeckt 10 Minuten stehen gelassen. Dann sieht man, dass die Germ aufgegangen ist.

Nun werden Salz, Brotgewürz, Sonnenblumenkerne und Leinsamen sowie etwa 1,5 l lauwarme Molke dazugemischt und der Teig in einer

**3 l Dinkel
1 Pkg. Germ (Hefe)
etwas mehr als 1,5 l Molke
wenig Mehl
2 EL Salz
3 EL Brotgewürz
(Koriander, Anis, Kümmel, Fenchel)
je 4 EL Sonnenblumenkerne und Leinsamen**

Feldegger Dinkelbrot

Teigschüssel mit dem elektrischen Rührgerät auf niederer Geschwindig-
keitsstufe 10 Minuten lang geknetet. Dabei wird gleich die Festigkeit des
Teiges kontrolliert. Ist der Teig zu fest, muss noch etwas Molke, ist er zu
weich, etwas Mehl dazugegeben werden. Danach lässt man den Teig an
einem warmen Ort etwa 2 Stunden aufgehen.

3 Kastenformen werden mit Backpapier ausgeschlagen. Der gut aufge-
gangene Teig wird nochmals durchgeknetet und in die bereitgestellten
Formen gefüllt, sodass die Form höchstens ¾ voll ist. Mit etwas Wasser
auf den Fingern oder mit einem Pinsel kann der Teig glatt gestrichen
werden.

Der Backofen wird auf 100 °C vorgeheizt, die Brotformen werden
hineingegeben und ein kleines, hitzefestes Gefäß mit Wasser dazugestellt.
Nach etwa 10 Minuten ist das Brot wieder aufgegangen.

Dann wird die Temperatur auf 180 °C eingestellt und vorerst 3 Minuten bei Ober- und Unterhitze und dann noch ½ Stunde bei Umluft
gebacken.

Nach dieser halben Stunde wird die Temperatur auf 150 °C zurückgedreht und das Brot noch eine weitere ¾ Stunde gebacken. Danach
kommt es sogleich aus der Form, wird auf ein mit Papier belegtes Brett
gestellt und soll langsam auskühlen.

TIPP | **Verwendungsmöglichkeit**

Sind die Formen für die Menge zu klein, werden mehrere Formen
nötig sein. Man kann aber aus dem restlichen Teig einen Pizzaboden
machen oder unter Beimengung von Mehl auch Weckerln formen
oder Fladen machen und diese separat backen.

Backprobe: Wenn man sich unsicher ist, ob das Brot fertig gebacken
ist, nimmt man ein Brot aus der Form und klopft auf die Unterseite.
Klingt es hohl, ist das Brot fertig. Wenn nicht, kommt es weitere
10–15 Minuten in den Ofen.

Molkenkäsesorten

Zieger

Fallen mindestens 15 Liter Molke am Tag an, lohnt es sich, Zieger zu
machen. Dazu kocht man die Molke schonend auf (Rühren nicht vergessen!) und zieht schon beim ersten Hochwallen den Topf vom Herd. Das
Albumin ist ausgeflockt und kann, erkaltet, als so genannter „Zieger"
abgeschöpft oder in einem sehr feinen Tuch abgeseiht werden. Die
abfließende „Klarmolke" ist praktisch ohne Eiweiß, daher klar, variiert

farblich von grünlich bis gelb und kann ebenso in allen oben genannten Rezepten Verwendung finden.

Der Zieger ist dem Topfen ähnlich, aber trockener, besteht nur aus Molkeneiweiß und kann für Topfenknödel, Topfennudeln, Topfenteig oder Molkenkäse verwendet werden.

Reibkäse aus Zieger

Zieger wird gesalzen, eventuell mit Kümmel oder getrockneten Kräutern gewürzt und zu kleinen Kugeln oder Laibchen geformt. Diese lässt man trocknen und kann sie so einige Wochen lagern. Sie sind als Reibkäsewürze für Nudelgerichte verwendbar.

Schotten

In heiße Molke wird Milch geschüttet und die aufsteigende Masse gleich abgehoben, gesüßt und mit eingeweichten Rosinen serviert.

Dem Mozzarella ähnlicher Molkenkäse

Saure Molke wird mit mindestens 50 % Milch vermischt und erhitzt. Sobald die Käsemasse an die Oberfläche steigt, wird diese abgeschöpft. Überkühlt werden daraus Kugeln geformt und diese sofort in kalte Molke eingelegt. Im Kühlschrank in einem verschlossenen Glas gelagert, hält der dem Mozzarella ähnliche Käse einige Tage.

Im Gegensatz zu diesem Molkenkäse wird Mozzarella ursprünglich aus Büffelmilch hergestellt.

Zieger

Mag. Ingeborg Hanreich

Schlusswort

Liebe Leserin! Lieber Leser!

Nun liegt das fertige Manuskript dieses Buches vor uns. Recherchieren, Schreiben, Ergänzen und Überarbeiten sind abgeschlossen. Viel Detailwissen und unzählige gesammelte Erfahrungswerte zum Thema Milch und Milchprodukte haben wir nun zu Papier gebracht. Doch etwas wollen wir noch hinzufügen, anhängen, um das Geschriebene abzurunden.

Beim Lesen dieses Buches kann leicht der Eindruck entstehen, Milch sei das Wesentlichste aller Nahrungsmittel und ohne Milch und Milchprodukte würde sich kein Mensch ausreichend ernähren können. Wir wollen dies ein wenig relativieren. Denn die Grundlage der menschlichen Ernährung bilden seit jeher Getränke und Getreideprodukte (Brot, Nudeln, Knödel, Reis), die durch tägliche Obst- und Gemüseportionen zur Versorgung mit wichtigen Vitaminen (vor allem Vitamin C) ergänzt werden. Dazu kommen nun die tierischen Lebensmittel, die den Körper mit Eiweiß und einigen speziellen Vitaminen versorgen. In dieser Gruppe nimmt Milch allerdings den Hauptstellenwert ein. Sie ist das einzige tierische Lebensmittel, dessen Genuss täglich und in größerer Menge empfohlen wird, denn sie versorgt uns mit den in unseren Breiten so notwendigen Kalziummengen.

Muss auf Milch in der Nahrung verzichtet werden, z. B. bei Milcheiweißallergie oder Milchzuckerintoleranz, dann ist es schwierig, ausreichend Kalzium mit der Nahrung aufzunehmen. Um Milch in allen Lebensmitteln zu vermeiden und trotzdem ausgewogen versorgt zu sein, muss die Gestaltung des täglichen Speiseplanes in diesem Fall unter Anleitung einer Diätologin oder einer Ernährungswissenschafterin gelernt werden.

Auf Milch in der Nahrung wird auch von Anhängern fernöstlicher Kostformen verzichtet. Oft fußt der Verzicht auf Milch in anderen Ländern auf einem Mangel an Weideland für Milchtiere oder regionalen Traditionen. Wird generell auf Milch in der Kost der Erwachsenen verzichtet, so bildet sich das Enzym Laktase infolge mangelnden Gebrauchs zurück und es tritt Milchzuckerintoleranz auf. Dies führt zu großen Beschwerden bei Milchgenuss, weshalb „Ernährungsexperten" aus südostasiatischen Ländern meist vor dem Verzehr von Milch und Milchprodukten warnen. In Ländern mit hoher Sonneneinstrahlung ist auch der Kalziumbedarf geringer, da vermehrt Vitamin D in der Haut aktiviert und der Knochen dadurch ausreichend gestärkt wird.

Daher sollte beachtet werden, dass Ernährungsweisen nicht ohne Weiteres von einem Erdteil in einen anderen übernommen werden sollen, da die klimatischen, traditionellen und kulturellen Gegebenheiten nicht vergleichbar sind. Ein generelles Ablehnen von Milchprodukten ist daher nicht sinnvoll.

Eine Warnung ist unserer Ansicht nach allerdings in zweierlei Hinsicht angebracht.

Zum einen spiegelt Milch in ihrer Zusammensetzung immer die Futterkomponenten sowie die Haltung und die Rasse der Tiere wider. Daher kommt der artgerechten Futterauswahl und Tierhaltung sowie dem verantwortungsbewussten Umgang mit Medikamenten für die Tiere eine große Bedeutung zu. Wir empfehlen deshalb vor allem empfindlichen Personen, Bio-Milch zu verwenden. Diese erfüllt eine Reihe zusätzlicher Qualitätskriterien. Unverträglichkeitsreaktionen des Körpers nach dem Verzehr von Milchprodukten können nämlich unter Umständen bereits auf geringste Spuren von Chemikalien aus Stallanstrich- oder Reinigungsmitteln auftreten.

Zum anderen gilt auch bei Milch und Milchprodukten der von Paracelsus geprägte Satz „Die Dosis macht das Gift!". Vor allem Käseliebhaber wollen wir deshalb darauf hinweisen, die Köstlichkeiten gebührend, aber in Maßen zu genießen. Milch wird bei der Verarbeitung zu Käse derart konzentriert, dass bereits fünf Scheiben Schnittkäse die gesamte Tagesration an Milchprodukten eines Erwachsenen abdecken. Wer also nicht infolge einer vermehrten körperlichen Betätigung einen erhöhten Bedarf hat, konsumiert leicht zu viel des Guten.

Milch und Milchprodukte sind ein schier unbegrenzbares Thema. Viele gesundheitliche Tipps haben in diesem Buch ihren Platz gefunden. Wir sind Ihnen dankbar für weitere Anregungen, Rezepte und Hausmittel, die Sie uns und unseren Leserinnen und Lesern für eine nächste, zu überarbeitende Auflage zusenden wollen.

Wir hoffen, dass wir Ihnen nicht nur wohlschmeckende Rezepte und das Grundwissen über alte Hausmittel, sondern auch Handrüstzeug zur Selbstherstellung von Milchprodukten mit auf den Weg gegeben haben. Außerdem hoffen wir, dass wir Ihnen auch die nötige Information für einen vernünftigen Umgang mit diesem wertvollen Lebensmittel übermitteln konnten. Möge der Genuss von Milch und Milchprodukten nicht nur Ihrem Körper wohl bekommen, sondern auch Ihrer Seele gut tun und somit im wahrsten Sinne „Leib und Seele zusammenhalten".

Lotte und Ingeborg Hanreich

Anhang

Erklärung von Fachbegriffen

Abkürzungen
EL = Esslöffel
TL = Teelöffel

Dickete oder Gallerte
Nachdem die Milch für die Käseherstellung eingelabt worden ist, stockt sie zu einer puddingartigen Gallerte oder Dickete. Diese wird geschnitten oder verschöpft (mit einem flachen Schöpfer schichtweise umgelegt), manchmal auch gerührt, damit die Molke entweichen kann.

Messerprobe/Schnittprobe
Um zu erfahren, ob die Dickete schon geschnitten und weiterverarbeitet werden kann, steckt man ein breites Messer schräg hinein und hebt langsam die Käsemasse hoch. Ist diese steif wie Pudding, kann geschnitten werden. Ist sie zu weich, muss man noch zuwarten. Wenn sich die Dickete schon weit vom Topfrand gelöst hat, hat man die Zeit schon übersehen. Es muss dann schneller gearbeitet und in engeren Abständen geschnitten werden, damit die Molke leichter austreten kann.

Mesophile Bakterien
Das Wachstum von mesophilen Bakterien erfolgt am besten bei Temperaturen von 20–42 °C. Zur Joghurtherstellung sind sowohl thermophile als auch mesophile Bakterien wichtig. Die „Bebrütung" von Joghurt findet bei fallenden Temperaturen zwischen 45 und 35 °C statt.

Säuerung

a) Wilde Säuerung

Damit die Milch sauer wird, kann man die unpasteurisierte, ungekühlte Bauernmilch bei etwa 22–25 °C stehen lassen, bis eine „wilde" Säuerung erfolgt. Sie entsteht durch die natürlichen Säurebakterien, die in der Milch vorkommen, wenn sie sich bei dieser Temperatur vermehren. Dies ist nur zu empfehlen, wenn die Milch wirklich einwandfrei und das Raumklima bakteriell unbelastet ist.

b) Gezielte Säuerung

Da bei der Pasteurisation auch die zur Säuerung wichtigen Milchsäurebakterien abgetötet werden, muss zur Säuerung von bereits pasteurisierter Milch eine Säurekultur zugesetzt werden. Dies erfolgt meist gezielt, das heißt, dass nur gewünschte Bakterien zugesetzt werden, die sich bei entsprechenden Temperaturen vermehren sollen.

Pasteurisierte Milch wird dazu auf die entsprechende Temperatur, meist 22–25 °C, erwärmt. Gibt man zu unpasteurisierter Milch Säurewecker, so erfolgt ebenfalls eine gezieltere Säuerung, weil die zugesetzten Bakterien überwiegen und sich schnell vermehren. Dadurch werden die ungewünschten Bakterien im Wachstum gehemmt und die gewünschte Säuerung erzielt.

Präbiotisch

Als „präbiotisch" werden wasserlösliche Stoffe – Fructooligosaccharide und Inulin – bezeichnet, die den körpereigenen Bakterienstämmen im Dickdarm bzw. probiotischen Bakterien als Nahrung dienen und sie zu Aktivität und Wachstum anregen können.

Probiotisch

Der Begriff „Probioticum" stammt aus dem Griechischen und bedeutet „für das Leben" – im Gegensatz zum „Antibioticum", was „gegen das Leben" heißt. Probiotische Bakterien sind also ganz allgemein „für das Leben". Dazu zählt man den *Lactobacillus acidophilus* und den *Lactobacillus casei*. Diese Bakterien werden Joghurt, aber auch anderen Lebensmitteln zugefügt. Sie gelangen zum Teil unverdaut in die tieferen Darmabschnitte und besiedeln die Oberfläche der Darmschleimhaut (z. B. wenn diese infolge einer längeren Antibiotika-Einnahme kaum besiedelt ist). Dabei konkurrieren sie mit Krankheitserregern, weshalb ihnen eine gesundheitsfördernde Wirkung zugeschrieben wird. Das tägliche Zuführen von speziellen Bakterien z. B. durch probiotisches Joghurt kann aber die ursprünglichen Darmbakterien zurückdrängen.

Säurewecker

Der Säurewecker, auch Säurestarter genannt, bewirkt eine gezielte Säuerung. Er wird der Milch meist in Form von 1–3 % Buttermilch, Sauermilch oder in Form von in speziellen Laboren zusammengestellten Säurekulturen ¼–½ Stunde vor dem Einlaben zugefügt.

Thermophile Bakterien

Unter thermophilen Bakterien versteht man solche, die sich bei Temperaturen von 42 °C und darüber optimal vermehren.

Rechtsdrehende und linksdrehende Milchsäure

Bei der Zubereitung von Joghurt und anderen Sauermilchprodukten entsteht Milchsäure, die in zwei „optisch verschiedenen" Formen vorkommen kann. Lässt man eine einzelne Lichtwelle auf diese beiden Strukturen auftreffen, so wird der Strahl in einem Fall nach rechts abgedreht, im anderen Fall nach links abgelenkt.

Im Körper des Menschen wird beim Verbrauch von Energie – z. B. bei längerer Muskeltätigkeit – Milchsäure gebildet, die eine rechtsdrehende Form hat. Daher kann rechtsdrehende Milchsäure aus Sauermilchprodukten sehr rasch im Stoffwechsel verarbeitet werden. Linksdrehende Milchsäure hingegen wird im Körper nur langsam abgebaut und ausgeschieden.

Synbiotisch

Sind probiotische Bakterien und Präbiotika gemeinsam in einem Produkt aufeinander abgestimmt, so nennt man dieses „synbiotisch" bzw. „Synbioticum". Probiotische, präbiotische und synbiotische Lebensmittel sollen dazu dienen, die Gesundheit des Menschen zu fördern.

Literatur

Agrarmarkt Austria: „Butter ABC", Broschüre, AMA, 1998

Agrarmarkt Austria: „Joghurt ABC", Broschüre, AMA, 1998

Agrarmarkt Austria: „Käse ABC", Broschüre, AMA, 1999

Agrarmarkt Austria: „Fit und Schlank mit Milch & Co, Broschüre, AMA, 1998

Auswertungs- und Informationsdienst für Ernährung, „aid Spezial", Broschüren: „Probiotische Milchprodukte", „Milch und Milcherzeugnisse", Landwirtschaft und Forsten (aid) e. V., Bonn, o. J.

Carper, Jean: „Nahrung ist die beste Medizin", Econ Ratgeber, München, o. J.

ERNTE für das Leben – Oberösterreich: „Schafmilch und Schafkäse", Falter, Linz, 1996

Ginzinger, Wolfgang: „Almkäse, nicht nur messbar besser", Blick ins Land, Wien, Folge 7/1999

GZE, Gesellschaft für zeitgemäße Ernährung: „Milch und Milchprodukte", Broschüre, Wien, 1996

Hanreich, Ingeborg: „Essen und Trinken im Säuglingsalter", Verlag I. Hanreich, 8. Aufl., Wien, 2015

Hanreich, Ingeborg: „Essen und Trinken im Kleinkindalter", Verlag I. Hanreich, 6. Aufl., Wien, 2014

Hanreich, Ingeborg/Macho, Britta: „Coole Rezepte für zwischendurch", Verlag I. Hanreich, 2. Aufl., Wien, 2011

Hanreich, Ingeborg/Macho, Britta: „Pfiffige Rezepte für kleine und große Leute", Verlag I. Hanreich, 4. Aufl., Wien, 2011

Hanreich, Ingeborg: „Essen und Trinken in der Schwangerschaft", Verlag I. Hanreich, Wien, 2015

Hanreich, Lotte/Zeltner, Edith: „Käsen leichtgemacht", Leopold Stocker Verlag, 2. Aufl., Graz, 2013

Helger, Lutz: „Das große Buch vom Käse", Wilhelm Möller Verlag, Wiesbaden, 1980

Hess, Olga/Hess, Adolf F.: „Wiener Küche", Sammlung von Kochrezepten, Franz Deutike, 33. Aufl., Wien, 1963

Kurier: „Milch und Käse", Extrabeilage, Wien, 14. Jänner 1995

Magazin der Hausfrau – Milchinformation, „Goldrichtig Topfen", „Sommer-Gerichte", Sammelband 1989, ÖMIG, Wien, 1989

Milchwirtschaftliche Berichte aus den Bundesanstalten Wolfpassing und Rotholz, 1986

Mutters (Hildegunde Eisenhardts) handgeschriebenes Kochbuch, 1932–1960

Pilsl, Monika: „Zwiebel auf Insektenstich. Altbewährte Hilfen bei kleinen und großen Wehwehchen", Neff's Kleine Hausbibliothek, Verlagsunion Neff, Rastatt, 1991

Pollmer, Udo: „Wie gesund sind Probiotika?", ZS Natur und Kosmos, München, Mai 1999

Renner, Edmund: „Milch und Milchprodukte in der Ernährung des Menschen", Verlag Th. Mann KG, Gelsenkirchen-Buer, Aufl. 1982

Schiller, Reinhard: „Heilige Hildegard – Ernährungslehre", Econ Verlag, München, 1996

Schwintzer, Ida: „Das Milchschaf", Ulmer Verlag, 2. Aufl., Stuttgart, 1983

„Welt der Frau", Journal, 7./8. 1999

Wissenschaftlicher Informationsdienst des Europäischen Institutes für Lebensmittel- und Ernährungswissenschaften e. V. „E.U.L.E.N-SPIEGEL", Hochheim

VEÖ: „Einblicke", Zeitschrift des Verbandes der Ernährungswissenschafter Österreichs, 2/99, 8. Jg., Mai 1999, Wien.

Ziegenbein, Hans/Eckel, Julius: „Was koche ich heute?", Wiener Küche, Wehrle-Höfels Verlag, Wien, 1931

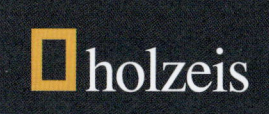

 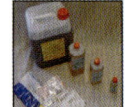  
Aus unserem Programm

ISBN 978-3-7020-1164-2

ISBN 978-3-7020-1345-5

Leopold Stocker Verlag
www.stocker-verlag.com
Graz – Stuttgart

Aus unserem Programm

ISBN 978-3-7020-1399-8

ISBN 978-3-7020-1484-1

ISBN 978-3-7020-1365-3

ISBN 978-3-7020-1196-3

Leopold Stocker Verlag

www.stocker-verlag.com

Graz – Stuttgart

Aus unserem Programm

ISBN 978-3-7020-1449-0

ISBN 978-3-7020-1233-5

ISBN 978-3-7020-1450-6

ISBN 978-3-7020-1512-1

Leopold Stocker Verlag
www.stocker-verlag.com
Graz – Stuttgart